D1345085

O FÔN I FYNWY

O FÔN I FYNWY

Detholiad o Ryddiaith a Barddoniaeth

Gan

JOHN DAVIES

CAERDYDD
GWASG PRIFYSGOL CYMRU
1973

Argraffiad cyntaf 1962
Adargraffwyd 1972, 1973, 1975

7083 0236 X

Argraffwyd gan CSP Cyf. Caerdydd

RHAGAIR

Sail y casgliad hwn yw'r detholiad yn disgrifio broydd Cymru a wobrwywyd yn Eisteddfod Genedlaethol Caerdydd, 1960, a diolchir i Lys yr Eisteddfod am ganiatâd i'w gyhoeddi. Diolch hefyd i'r beirniad, Miss Cassie Davies, am ei sylwadau ar y casgliad gwreiddiol ; ceisiwyd manteisio ar ei hawgrymiadau hi wrth ddiwygio'r gwaith.

Amcanwyd at ddau beth yn arbennig wrth lunio'r detholiad. Yn gyntaf, trafod Cymru gyfan, gan geisio cael gymaint ag sydd yn bosibl o gydbwysedd rhwng gwahanol ardaloedd ; ac yn ail, ceisio cynnwys cynifer ag a ellid o ddetholion o weithiau ein prif awduron diweddar. Hyderir, felly, fod y casgliad nid yn unig yn cyfleu nodweddion gwahanol ardaloedd a chyfraniad eu pobl a'u henwogion i batrwm y bywyd cenedlaethol, ond ei fod hefyd yn dwyn sylw at beth o gynnyrch llenyddol y cyfnod diweddar, a'r detholion eu hunain yn enghreifftiau da o'r gelfyddyd o ysgrifennu.

Yr wyf yn ddiolchgar iawn i awduron a pherchenogion hawlfreintiau am eu caniatâd i ddethol o'r gwahanol weithiau ; i Wasg y Brifysgol am gyhoeddi'r gwaith, ac i'r Dr. Elwyn Davies a Miss Lenna Harries am eu diddordeb a'u gofal wrth ei lywio trwy'r wasg.

Llanelli, 1962. JOHN DAVIES.

CYNNWYS

DINBYCH A FFLINT

SIR FEIRIONNYDD

SIR DREFALDWYN

Cydnabyddiaeth

Cydnabyddir yn ddiolchgar iawn barodrwydd y personau canlynol i ganiatau argraffu gwaith y maent hwy yn meddu'r hawl arno :

Y Parch. J. Eirian Davies, Mrs. J. Glyn Davies, Syr Ifan ab Owen Edwards, y Parch. A. E. Jones (Cynan), Mr. R. Gerallt Jones, Dr. Iorwerth C. Peate, Mr. Leslie Richards a Syr Ifor Williams ; a'r Gweisg canlynol i ganiatau dyfynnu allan o weithiau a gyhoeddwyd ganddynt hwy :

GWASG ABERYSTWYTH : *Awen Aberystwyth ; Beirdd ein Canrif ;* Crwys: *Cerddi Crwys, Detholiad I* a *Pedair Pennod ;* J. M. Edwards : *Cerddi'r Daith ;* Islwyn Ffowc Elis : *Cyn Oeri'r Gwaed ;* Dewi Emrys : *Cerddi'r Bwthyn ;* W. J. Gruffydd : *Hen Atgofion ;* W. J. Gruffydd (Elerydd) : *Ffenestri a Cherddi Eraill ; Y Genhinen ;* Leslie Harries : *Tannau Teifi ;* T. Rowland Hughes : *Chwalfa ;* E. Morgan Humphreys : *Coffa Morgan Llwyd ;* Isfoel : *Cerddi Isfoel ;* Evan Jenkins : *Cerddi Ffair Rhos ;* Bobi Jones : *Y Gân Gyntaf ;* D. Gwenallt Jones : *Eples, Gwreiddiau* ac *Ysgubau'r Awen ;* William Jones : *Sonedau a Thelynegion ; Llafar ;* William Morris : *Clychau Gwynedd ;* J. Dyfnallt Owen : *Rhamant a Rhyddid ;* T. H. Parry-Williams : *Olion, Myfyrdodau* ac *O'r Pedwar Gwynt ;* G. J. Roberts : *Coed Celyddon ;* Kate Roberts : *Traed mewn Cyffion ;* D. J. Williams : *Hen Dŷ Ffarm ;* Islwyn Williams : *Cap Wil Tomos a Storïau Eraill ;* J. J. Williams: *Straeon y Gilfach Ddu ;* Waldo Williams : *Dail Pren.*

GWASG Y BALA : R. Williams Parry : *Yr Haf a Cherddi Eraill.*

GWASG Y BRYTHON : E. Tegla Davies : *Gyda'r Hwyr* a *Gyda'r Blynyddoedd ;* T. I. Ellis : *Ym Mêr fy Esgyrn ;* Iorwerth C. Peate : *Ysgrifau John Breese Davies ;* Thomas Parry : *Llywelyn Fawr ;* J. O. Williams : *Corlannau.*

GWASG GEE : Kitchener Davies : *Sŵn y Gwynt sy'n Chwythu ;* I. D. Hooson : *Y Gwin a Cherddi Eraill ;* T. Rowland Hughes : *Cân neu Ddwy ;* A. Gwyn Jones : *Blodau'r Gwynt ;* William Jones : *Adar Rhiannon ;* R. Williams Parry : *Cerddi'r Gaeaf ;* G. J. Roberts : *Cerddi.*

HUGHES A'I FAB, WRECSAM : Ambrose Bebb : *Crwydro'r Cyfandir ;* O. M. Edwards : *Cartrefi Cymru, Er Mwyn Cymru* ac *Yn y Wlad ;* G. W. Francis : *Telyn Eryri ;* W. J. Gruffydd : *Y Flodeugerdd Newydd ;* R. T. Jenkins : *Casglu Ffyrdd ;* F. Wynn Jones : *Godre'r Berwyn ;* T. Gwynn Jones: *Dyddgwaith* a *Caniadau ; Y Llenor ;* Daniel Owen : *Rhys Lewis ; Gweithiau Taleisin o Eifion ;* Hedd Wyn : *Cerddi'r Bugail.*

Llyfrau'r Dryw : *Awen Môn ; Awen Meirion ;* Aneirin Talfan Davies : *Crwydro Sir Gâr* ac *Englynion a Chywyddau ;* T. Glynne Davies : *Llwybrau Pridd ;* T. I. Ellis : *Crwydro Ceredigion* a *Crwydro Mynwy ;* Bobi Jones : *Crwydro Môn ;* Saunders Lewis : *Siwan a Cherddi Eraill ;* Alun Llywelyn-Williams : *Crwydro Arfon ;* J. Lloyd Thomas : *Detholion o Weithiau Gwydderig ;* Gwilym R. Tilsley*: Y Glowr a Cherddi Eraill ;* E. Llwyd Williams : *Crwydro Sir Benfro I a II.*

Llyfrgell Genedlaethol Cymru : *Caniadau Isgarn.*

Tŷ John Penry : Wil Ifan : *Y Filltir Deg.*

Urdd Gobaith Cymru : *Blodau'r Ffair.*

Llys yr Eisteddfod Genedlaethol : *Rhestr Testunau; Beirniadaethau a Chyfansoddiadau.*

Baner ac Amserau Cymru.

Lleufer.

The Brecknock Society : *Brycheiniog.*

CYMRU

HIRAETH Y BARDD AM EI WLAD

O Gymru, lân ei gwaneg,
Hyfryd yw oll, hoywfro deg,
Hyfryd, gwyn ei fyd a'i gwêl,
Ac iachus yw ac uchel ;
A'i pherthi yn llawn gwiail,
A'i gweunydd a'i dolydd dail,
Lle mae aml pant, mwyniant mau,
A glynnoedd a golannau ;
Mynyddoedd a mwyneiddweilch
Fel Mynnau uwch bannau beilch ;
A'i dŵr gloyw, fel dur y glaif,
O dywarchen y dyrchaif ;
Afonydd yr haf yno,
Yn burlan ar raean ro
A redant mewn ffloyw rydau,
Mal pelydr mewn gwydr yn gwau . . .

Ieuan Brydydd Hir

HIRAETH AM GYMRU

Er bod yn deg y fangre lle'r ydym, ag yn hyfryd gweled y dail gwrddleision yn gyscod rhag y tes, ag yn ddigrif clowed yr awel hon o'r gogleddwynt yn chwythu tan frig y gwinwydd i'n llawenychu yn y gwres anrhysymol hwn, sydd drwm wrth bawb a gafodd i geni ai meithrin mewn gwlad cyn oered ag yw tir Cymru : etto mae arnaf hiraeth am lawer o bethau a gaid ynghymru i fwrw'r amser heibio yn ddifyr ag yn llawen wrth ochel y tes hirddydd haf. Canys yno er poethed fai'r dymyr, ef a gaid esmwythdra a diddanwch i bob bath ar ddyn. Os byddai un yn chwenychu digrifwch, e gai buror a'i delyn i ganu mwyn bynciau, a datgeiniad peroslau i ganu gida thant . . . Os mynnych chwithau glowed arfer y wlad yn amser yn teidiau ni, chwi a gaech henafgwyr briglwydion a ddangossai iwch ar dafod laferydd bob gweithred hynod, a gwiwglod a wneithid trwy dir Cymru er ys talm o amser. Ond os myfyrio a ddamunych, ne ddarllain ar ych pen ych hun, chwi a gaech ddewis lle cymwys i hynny, er maint fyddai boethni'r tes, naill ai mewn tai gleision hafaidd, ne gar llaw dwfr rhedegog mewn glyn ag irgoed, ne mewn dyphryn llysseuawg, ne ar ael doldir meillionawg, ne mewn cadlas o fedw, ne mewn rhyw gyfle arall, lle ni byddai na blinder na lludded wrth wres yr hinon.

Ond ynghylch y dref hon, nid oes dim tebig ; canys os i ogo y cyrchwch, ne i gilfach heb haul yn towynnu unamser arni, chwi a gewch oerfel angheuawl ; os yntau mewn lle amlwg y trigwch, y brydni a dawdd frain ag adar ; os aros a wnewch yn ty, chwi a fygwch gen fyllni. A'r gwinllannau o'r fath yma, er i bod yn deg yr olwg arnyn, ag yn hyfrydach aros ynddyn nag mewn mannoedd eraill o'n hamgylch, etto ni chynhessa calon Cymro wrthynt, megis y gwnai wrth lan Dyfrdwy, ne lawr Dyphryn Clwyd, ne wrth aml o leoedd a fedrwn i henwi o faenol Dewi i Gaergybi ym Môn. A phe bai'r lle ohono i hun yn gystal a'r fan ore ynghymru, etto e lawenychai fy nghalon i yno yn gynt wrth glowed y gog yn canu nog a wnai yma wrth glowed per bynciau'r eos, ne fwynlais bronfraith, ne lathreiddgan mwyalch no phe gwneid mussig cysson cyfangan o gydlais paradwyssaidd holl adar y byd yn yr unlle.

Gramadeg Cymraeg. Gruffydd Robert.

GWLAD Y DYCHYMYG

. . . Wrth grwydro o le i le, ac o wlad i wlad, a gwylio rhyfeddodau natur, y mae'n amheus a ydym yn gwneud mwy na ffitio man a lle, i amlinell darlun a grewyd gan eraill ; a'r rhai hynny yw'r artistiaid creadigol, yn feirdd, llenorion a chelfyddydwyr o bob math. Dyn sy'n rhoi ystyr i'r greadigaeth. Trwy hanes, ebr yr athronydd Maritain, y daw undeb rhwng dyn a Natur ; a dyn, wrth gwrs, sydd yn creu hanes. Os ydwyf, wrth edrych ar ddarn arbennig o wlad, gyda'i fythynnod a'i dyddynnod, ei gloddiau a'i gaeau, yn ymdeimlo â rhyw rin, rhyw ias, rhyw emosiwn cynhyrfus, y mae hynny i'w briodoli i gysylltiad yr holl bethau hyn â dyn a'i hanes. Ond ni byddai hynny, ynddo'i hun yn ddigon i'm cynhyrfu. Daw'r cynnwrf yn rhinwedd gweithred yr artist, trwy ei gelfyddyd, yn ymdreiddio i Natur. Oherwydd y mae celfyddyd dyn, ys dywed Maritain eto, yn ymdreiddio trwy Natur, ac yn ychwanegu ati gynneddf nad yw'n eiddo iddi ar ei phen ei hun. Trwy ddrych y bardd neu'r llenor neu'r paentiwr, y gwelaf ddarn o wlad. Beth yw 'Cymru', wedi'r cwbl, ond cyfrodedd o ddarluniau a argraffwyd ar lenni'r ymwybyddiaeth, ac nid fy ymwybyddiaeth i yn unig, ond y gymdeithas yr wyf yn rhan ohoni. Ni buasai i mi ddim diddanwch wrth groesi'r darn moel hwnnw o wlad rhwng Dolgellau a Ffestiniog, onibai fy mod yn gweld y moelydd llwm trwy ddrych y bardd a ganodd :

> Tyner yw'r lleuad heno—tros fawnog
> Trawsfynydd yn dringo . . .

Ac y mae'r lloer honno'n sefydlog uwchben y fawnog, ac ni all na chorwynt na chwmwl mo'i hymlid.

Crwydro Sir Gâr. Aneirin Talfan Davies.

YR HEN FRO

. . . Ni bu neb Cymro erioed, mi gredaf, yn fwy ymwybodol na myfi â'i wreiddiau, a'r ddaear y tyfodd y gwreiddiau ynddi ; ac felly, ni buasai fy hanes personol yn gyflawn heb bennod am Landdeiniolen, fel yr oedd gynt ac fel y mae heddiw. Nid un Llanddeiniolen y sydd ; gwn i am ddwy o leiaf,—y gymdogaeth a ddechreuodd ar y gwaith o'm llunio i fod yr hyn ydwyf, a'r Llanddeiniolen arall honno a greais i fy hun allan o grai ddefnydd amgylchfyd fy llencyndod. Os bydd eraill o blant yr ardal yn gweled fy narlun i ohoni yn annhebyg i'r hyn a dybiant hwy amdani, nid fy mai i fydd hynny na'u bai hwythau. ' The mind is its own place,'—dyna un rheswm paham yr ydwyf yn fy honni fy hunan yn brydydd, ac y mae Llanddeiniolen, er fy mod ymhell ohoni, wedi myned erbyn hyn yn rhan o'm profiad arhosol. A chan fod cyfanswm y profiad yn tyfu, y mae'r rhan honno a elwir yn Llanddeiniolen yn tyfu gydag ef ; yr wyf bob dydd yn gweled mwy ar yr hen blwyf, er mai ym Morgannwg yr wyf yn byw. Pob cyffro newydd a ddaw i'm bywyd, ni bydd ei effeithiau wedi darfod cyn taro eco o greigiau bro fy mebyd. Gallwn feddwl amdanaf fy hunan yn casau'r hen blwyf â chas marwol, fel y daeth ambell Gymro a adwaen i gasau man ei eni, ond ni allwn byth ei ddeol o'm hanes a'm personoliaeth. Efallai ein bod bawb fel hyn, hyd yn oed y bobl a anwyd yn Nhon-y-pandy, neu Wigan. Byddai fy nain yn adrodd stori am ryw William Jones y Bwgan, na welid byth heb ryw gysgod lledrithiol yn tuthio tu ôl iddo ar ffyrdd y wlad ; y mae'n ddigon tebyg i hynny arnom i gyd, y mae rhyw ledrith o'r hen fro yn ein canlyn i ba le bynnag yr elom.

Hen Atgofion. W. J. Gruffydd.

YR HEN ARDAL

Yr ydym yn frogarwyr o flaen bod yn wladgarwyr. Mab ei fro yw dyn. Yn y fro, yn ' yr Hen Ardal ' y mae ei wreiddiau. Gall dyfu a lledu'i ganghennau mewn awyr arall : daw adar dieithr i nythu a magu a chanu rhwng ei ganghennau : gall dail ei bren ddal lliwiau hinsoddau eraill, eithr tyn o hyd ac o bobman at y tir lle y mae ei wraidd. Fel yr â'n hŷn, tyn yn fwy ac yn fwy at y gwraidd.

I oed ei dad y daw dyn
  A'r gradd fel y bo'r gwreiddyn.

Ie'r gwreiddyn sydd yn rhoi gradd a grym iddo. Torrer y gyfathrach rhyngddo a'r pridd y tyfodd ohono ni fydd yn aros fawr o rinwedd meteloedd yr hen fro yn ei waed. Etifeddodd ei gynefin. Ni all werthu ei enedigaeth-fraint heb ei ddamnio'i hun yn y fargen.

Rhamant a Rhyddid. J. Dyfnallt Owen.

CYNEFIN

Ni byddaf yn siwr pwy ydwyf yn iawn
Mewn iseldiroedd bras a difawn.

—Mae cochni fy ngwaed ers canrifoedd hir
Yn gwybod bod rhagor rhwng tir a thir.

Ond gwn pwy ydwyf, os caf innau fryn
A mawndir a phabwyr a chraig a llyn.

Olion. T. H. Parry-Williams.

HEN GYNEFIN

Treulio diwrnod o haf gyda chyfaill yn Ardudwy. Niwl ar fôr a mynydd. Rhyw rith heulwen megis ar wasgar trwyddo, fel y gwelwyd lawer tro yn yr hydref. Mwynder aeddfed yn yr awyr, oni theimlai dyn fel pe daethai adref i'w gynefin o grwydro'n hir. Eto, nid oedd Ardudwy ond rhan o Gymru i mi, nid hen gynefin fy hynafiaid, fel yr oedd hi i'm cyfaill.

Yn y mynydd-dir, na welid mono ond yn aneglur drwy'r niwl a orweddai fel hud ar y wlad, yr oedd cartref gŵr a dorrodd ei enw ar warant dihenyddio brenin. Tua'r môr, cartref yr hen Buritan hwnnw, â dim ond glas onnen yn ei law, a yrrodd ar ffo ddwsin o gabaliriaid a gamdrinodd ei was ar y ffordd am ei fod eto'n gwisgo hen lifrai'r Senedd. Ymhellach fyth, yr eglwys fechan unig yn y tywyn, lle cwsg y bardd a sgrifennodd mor wych—pan anghofiai grefydd wleidyddol ei gyfnod yn Lloegr—Weledigaethau'r Byd ac Angau ac Uffern. A thraw yn y môr, yr ynys fach lle trigai bardd arall, a welodd gynddaredd y tonnau ar ddydd ystorm o'r gorllewin yn torri ar y traeth, gan chwydu eu trochion i'r lan fel ' gloes sarff yn gla' o syrffed.'

Nid oedd tŷ nac adfail a welid yno na wyddai fy nghyfaill rywbeth amdano. Yma, cartref ei hendaid. Acw, tŷ a gododd ei daid, lle ganed ei dad, lle ganed yntau. Cartrefi teulu ei fam yn y pellter. Traddodiadau amdanynt oll, yn gwlwm â hanes yr ardal am ganrifoedd. Nid rhyfedd ddywedyd o'm cyfaill y byddai'n fodlon pan ddôi yno o unman yn y byd, ac na byddai arno byth eisiau ymadael â'r lle, unwaith y dôi yno. Yno yr oedd ei wreiddiau. Adwaenai bob pren a maen yno. Ardudwy oedd Cymru iddo ef.

Dyddgwaith. T. Gwynn Jones.

DAEAR CYMRU

Ac felly, dyma'r olwg gyntaf a gaiff dyn ar Gymru,—gwlad o fynydd-dir a gweundir uchel ym mhorth gorllewinol llwybr iseldir Ewrob. Yn y tir uchel torrodd afonydd gymoedd a dyffrynnoedd iddynt eu hunain, gan ffrydio, i ogledd, gorllewin a de, i fôr Iwerydd—Clwyd, Elwy, Conwy, Ogwen, Gwyrfai, Dwyryd, Mawddach, Dyfi, Rheidol, Ystwyth, Aeron, Teifi, Taf, Tywi, Llwchwr, Tawe, Nedd, Rhondda, Taf, Rhymni, Ebwy, Wysg a Mynwy : fel adanedd olwyn fawr, rhedant o'r canoldir uchel a'r dyffrynnoedd yn ymagor fel yr eler i'r tir isel. Oherwydd hyn hefyd, fel y dywedwyd eisoes, gwlad â'i hwyneb i'r gorllewin yw Cymru, a thiroedd breision yn nyffrynnoedd yr afonydd—Tegeingl a'r Rhos, Eifionnydd ac Ardudwy, Cyfeiliog ac Anhuniog, Penfro a'r Cantref Mawr a Gŵyr, Bro Morgannwg a Gwent . . . .

Ar ôl gadael hendir Môn a chreigiau cyhyrrog y gogledd-orllewin—rhyw gongl o'r *plateau* mawr tawel a aflonyddwyd yn yr oesoedd pell—deuwn at enaid tir Cymru, gwastadedd heb gyrraedd yn aml yn uwch na 2,000 o droedfeddi, a'r gwahaniaeth rhyngddo ag Arfon yw'r gwahaniaeth rhwng Pumlumon ac Eryri. Yn Arfon ceir unigeddau llwytddu diffaith, ond yn nwyrain Meirionnydd, yn Ninbych, Maldwyn, Maesyfed, Brycheiniog a Cheredigion fe gollir ' y glyn a'r graig las ' ac amgylchynnir dyn gan unigedd llethol y gweunydd, gan rosydd meithion y brwyn a'r rhoncwellt a phorfeydd y donnen las fradwrus. Yma nid oes rhyferthwy gwynt ar graig na suon graean yn disgyn o'r llethrau, ond cwyn hir yr awel uwchben porfa rydlyd y gors ac wylo glaw ar erwau anhygyrch y waun.

Oherwydd fod llawer o'r llechfaen a'r grit yng nghyfansoddiad y tir, ni threiddia'r glaw trwodd ond erys ar yr wyneb i wneuthur y cwbl yn dir gwlyb, a hud y donnen las trosto. Un o effeithiau y digwydd hwn yw rhoddi i lawer o'r tir gyfoeth o liwiau—porffor y grug, llwydwyrdd y rhedyn a chyfoeth lliwiau gwastadeddau'r gweundir :

A rodiwn ni eto fyth Hiraethog y grug a'r eithin ?
  A gerddwn ni yn y niwl pan fo gorddu yno nos ?
A wyliwn ni eto haul, liw tân, yn gloywi'n y tyle ?
  A welwn ni liwiau dirif gan loywne leuad ar ros ?

Gwlad faith y niwl a'r rhos yw hon ac ymestyn o fynydd Hiraethog hyd at fynyddoedd Brycheiniog a Chaerfyrddin. Dyma galon, *nucleus*, Cymru, a rhan ohoni yw Pumlumon.

Canys ni ellir edrych ar Ben Pumlumon Fawr fel copa neu frig mynydd anferth : yn hytrach ysgwydd y gweundir yw. Ac yn wir ar lawer ystyr dyma le mwyaf anhygyrch Cymru. Pwy na theimlodd hynny wrth deithio ffordd y mynydd o Fachynlleth i Lanidloes ? Fe'ch dygir i unigedd na cheir ei debyg ymhlith mynyddoedd Eryri. O gwmpas Pumlumon y mae Hyddgen, Cwm-deuddwr a Phonterwyd, unigeddau maith Maldwyn a Maesyfed a Cheredigion. Pwy sydd o ganoldir Cymru na ŵyr am unigedd llethol Tarannon—Tir Annwn, ebr rhai o'r brodorion, gyda llawer o reswm ond ychydig o ieitheg,—llwydni uchel bro Bugeilyn cwm Aberhosan, gwlad Arwystli a'r Gwylliaid. Porfeydd y mynydd-dir sydd i'w cael yno—glaswellt byr a rhonc-wellt gwyllt a lleiniau hirion o gorsdir llwyd, grug porffor y mynydd a mawnogydd dihysbydd lle y bydd y gwynt bob amser yn cwyno nes gwneuthur i ddyn ddychmygu am Yeun Elez y Llydawr. Anfynych yw ffyrdd y fro : anfynych yw'r aneddau hefyd, ambell hafod a lluest a bugeildy, dyna'r cwbl.

Ar odreon dwyrain a de'r gweundir hwn, a ffurfia ran mor helaeth o Gymry, fe ymgyfyd mynyddoedd bannau Brycheiniog ar ffin gwastadedd y canoldir, gyda'u hochrau serth o'r Hen Dywodfaen Coch. Y tu hwnt iddynt weunydd eto nes cyrraedd gwlad y glo, a chymoedd cul Morgannwg a Mynwy wedi eu torri eu hunain yn ddwfn yn y gweundir rhwng y Bannau a môr Hafren. Dyma gymoedd Ebwy, Sirhywi, Rhymni, Tâf a Rhondda a chymoedd cyffelyb, cymoedd hacrwch—erbyn heddiw—hacrwch y tipiau, mor gul nes bod eu trigolion yn byw mewn rhibynnau hirion o bentrefi yn ymestyn i'r gweundir y tu ôl . . . .

Hyd yn hyn, edrychasom yn fwyaf arbennig ar Gymru'r gorllewin, y wlad sydd â'i hwyneb tua'r machlud, y crynswth mynydd-dir gyda'i afonydd yn llifo at draethau ansefydlog. Edrychwn arni eto o du'r dwyrain.

Ymwthia ' tafodau ' o'r tir isel o'r dwyrain i'r mynydd-dir—iseldir y traethau yn y gogledd a'r de, a dyffrynnoedd Dyfrdwy, Hafren, Gwy ac Wysg ar hyd y gororau. Pyrth y dwyrain yw'r tafodau tir isel hyn, llwybrau hawdd o iseldir Lloegr i galon mynydd-dir y gorllewin. Ac ar eu hyd daeth yn eu tro don ar ôl ton o arferion newydd, pobl newydd, iaith newydd a diwylliant newydd. Ac fel y llwydda'r bobl a'u harferion, yr iaith a'i ddiwylliant i drawsnewid y mynydd-dir o gwmpas y pyrth, lledaenir eu dylanwad tros fywyd cysefin y wlad ac ansicr fydd parhad diwylliant y mynydd-dir oni cheir rhyw gyfnewidiad rheolaeth. Treiddir i mewn ar hyd y llwybrau hyn i'r gweundir, a fu'n anhygyrch, gan foduron a dulliau newydd mewn meddwl a masnach, ac y mae'r cyfnewidiad sy'n digwydd yn y ganrif hon yn ehangach ei ddylanwad na dim a fu o'r blaen.

Yn ddiddorol iawn, fe welir bod tafodau'r gogledd a'r de yn arwain at y gwelyau glo, yn y naill at ardaloedd glofaol Dinbych a Fflint, ac yn y llall at Fynwy a Morgannwg. Trwy'r ffaith hon yn gystal â thrwy natur datblygiad diwydiannol y wlad, buan y trowyd yr ardaloedd hynny ysywaeth yn anghymreig. Yn y gogledd, y tu hwnt i fro'r glo ymegyr dyffryn eang Clwyd. Y mae hwn yn ddarn ar wahân yn naearyddiaeth y gogledd—gwlad fras eang yn ymestyn ymhell i'r tir uchel. Yn ei ran isaf treiddiodd llawer o'r dylanwadau estron i'w fywyd, ond pery mynydd-oedd Clwyd a Hiraethog o'r naill du a'r llall i gyflenwi rhan helaethaf y dyffryn ag ysbrydiaeth yr hen ddiwylliant.

Dyma dir Cymru : gweundir â'i wyneb i'r gorllewin, tafodau o dir bras yn ymagor i'r dwyrain ; dwy elfen hollol wahanol, a chymrodedd hanes bron â methu eu ffurfio'n un . . . Bellach ers blynyddoedd meithion, meddiannwyd y tir y tu ôl i borth y de gan y diwydiant glo a haearn.

Daeth i'r gogledd hefyd. Tu draw i lo'r gogledd y mae gwlad braf glannau'r môr : tu hwnt i lo'r de, fro odidog Morgannwg. Rhwng y ddau wely, fynyddoedd Brycheiniog yn y naill ben a Meirion ac Arfon yn y llall. Yn y canol, yn galon i'r cwbl, y gweundir maith wedi ei dorri a'i drawsffurfio gan Amser,—ambell gwm dwfn a dyffryn coediog, erwau diarffordd a moelydd rhedynog, ac ysgwydd Pumlumon Fawr yn y canol yn codi'n uwch na'r cwbl oll.

Cymru a'i Phobl. Iorwerth C. Peate.

Mae yn y Bala flawd ar werth,
  Ym Mawddwy berth i lechu ;
Mae yn Llyn Tegid ddŵr a gro,
  A gefail go' i bedoli ;
Ac yng Nghastell Dinas Brân
  Ddwy ffynnon lân i 'molchi.

Mi af i Lan San Siôr y bore,
A'r prynhawn i Abergele,
A chyda'r nos i blwyf Llanefydd,
Gyda mwynder a llawenydd.

Afon Conwy'n llifo'n felyn,
Mynd â choed y maes i'w chanlyn ;
Ar ei gwaelod mi rof drithro
Cyn y trof fy nghariad heibio.

Hardd yw Conwy, hardd yw Nefyn,
Hardd yw brigau coedydd Mostyn,
Harddaf lle 'r wy' 'n allu 'nabod
Yn y byd yw dyffryn Meifod.

Mae llawer pen bencyn o'r Dinas i Benllyn,
  A dolydd i'w dilyn hyd lawr Dyffryn Clwyd ;
Er garwed yw'r creigie sy o gwmpas Dolgelle,
  Gerwinach nag unlle yw'r Ganllwyd.

Hen Benillion.

TEG EDRYCH TUAG ADREF

'Amrwd yw tegwch Cymru :
Tir mawnog, undonog, du '.
—A fu odiach ynfydu ?

'Fy mrawd, 'rwyf am yr Eidal
Ar ddiog nos . . . gwyrdd ganál '.
—Gosteg y Cei sy gystal.

'Capri a'i heli am hedd !'
—Dos am nef i dangnefedd
Sir Fôn, i Benmon fel bedd.

'Rêl gwin yw'r awel gynnes
Yn Ffrainc ar y traethau ffres '.
—Y mae môr ym Miwmares.

'Yn y Tyrol hawdd ffoli
Ar drwst rhaeadrau di-ri '.
—Ond a welaist Gwm Dyli ?

'Mae haul ar dywod melyn
Haf y De lle mae nef dyn '.
—A nofiaist ym Mae Nefyn ?

'O ! wych harddwch Iwerddon !
Ni chei nef lanach na hon '.
—Ar dy wir ?—Aberdaron . . .

'Pleser f'oes ydyw croesi
Pell lagŵn heb sŵn na si '—
. . . A'r ganlloer dros frig Enlli ?

Awdl Foliant i Gymru. Emrys Edwards.
Beirniadaethau a Chyfansoddiadau, 1961.

O'R GONGL

A ydi'r Gwanwyn yn crwydro'r gweunydd
A galw'i flodau i lannau'r lonydd?
A deifl y nos o'r rhosydd—chwiban glir,
Daer, y gylfinir i'r dirgel fynydd?

A chwery o hyd glychau'r ehedydd
Uwch hen dawelwch a hun y dolydd?
Ar wyn antur y nentydd—a rydd clau
Emau, filiynau, eu gwefr aflonydd?

A ydi'r grug yn gawod ar greigiau
Hen yn Eifionnydd a'i dirion fannau?
A bau Harlech yn berlau—ac aur cryn,
A'i neidr o ewyn yn gain fodrwyau?

A'r clogwyn a'i nerth yn wyllt brydferthwch
A'r aer yn win hyd eithin Cwm Dwythwch?
A than y fron dirionwch—gwaun a gwig,
A hedd Dinorwig yn wyrdd dynerwch?

A ydi'r Gwanwyn . . . . . ?
'Hed yr ugeiniau
O lwyd, anghynnes, ddiles feddyliau
Yn chwim adar rhwng barrau'u—cawell hwy
I Fôn, i Fynwy, i addfwyn fannau
Yn Arfon ac Eifionnydd
A'u llwybrau dan gangau gwŷdd,
I hydref hen bentrefydd
Yn Llŷn ar derfyn dydd.

Yn daer heno, fel adar Rhiannon,
'Hedant yn gôr wrth y môr ym Meirion
Ac aur fachlud Ardudwy
Ar lwydwyll eu hesgyll hwy.

Cân neu Ddwy. T. Rowland Hughes.

SIR FÔN

MÔN

Goror deg ar war y don,—hafan gynt
A fu'n gaer i'w glewion.
Nawdd roddes i Dderwyddon,
Mae eu llwch yn heddwch hon.

Hon a fu'n dywyll unig,—ond o'i phoen
Y dôi ffydd a miwsig.
Hedd a dardd lle cerddai dig
Hen oesoedd drwy'r ynysig.

Ynysig â'i thir isel—yn ir oll
Dan yr haul a'r awel.
O'i mewn mae im win a mêl
Y bywyd diwyd tawel.

Tawel ei gorwel a'i gwaith,—a thawel
Yw ei theios glanwaith.
Llawn hoen ei llannau uniaith,
Gwerin hoff a gâr ein iaith.

Iaith hon a'i chyfoeth inni—a rannodd
Goronwy o'i dlodi.
Adwaen hud ei hawen hi,
Hud awen na fyn dewi.

Tewi ni bydd tôn y bau—i'r Iesu,
Na thraserch ei seintiau.
Pwy fel meibion Môn am hau
Ei wirionedd ar fryniau ?

Bryniau mân, bron a maenor,—llwybrau llon
Lle bu'r llys a'r allor.
Anwylach man ni ylch môr
Iwerydd na'r gain oror.

Clychau Gwynedd. William Morris.

YNYS FÔN

Wedi'r digwyddiadau uchod aethom trosodd i Ynys Fôn ryw ddwy filltir i ffwrdd oddi yno, trwy hwylio dros fraich fer o'r môr . . .

Y mae Môn yn ddaear sych a charegog, yn afluniaidd ac anhyfryd yr olwg ; yn debyg iawn, yn ei hansawdd allanol, i wlad Pebidiog, sydd yn ffinio ar Dyddewi, eithr yn dra gwahanol iddi, er hynny, yng nghynysgaeth fewnol ei natur. Canys y mae'r ynys hon yn anghymarol fwy cynhyrchiol mewn grawn gwenith na holl ardaloedd Cymru: yn gymaint felly ag y mae'n arfer diarhebu'n gyffredin yn yr iaith Gymraeg, ' Môn, Mam Cymru '. Oherwydd pan fyddo'r holl ardaloedd eraill ymhobman yn methu, y mae'r wlad hon, ar ei phen ei hun, yn arfer cynnal Cymru i gyd â'i chnwd bras a thoreithiog o ŷd.

Hanes y Daith Trwy Gymru (*cyf. Thomas Jones*). Gerallt Gymro.

' HYFRYDWCH POB RHYW FRODIR '

. . . . . .

Clywaf arial i'm calon
A'm gwythi, grym ynni Môn ;
Craffrym, fel cenllif creffrwd,
Uwch eigion, a'r fron yn frwd.

Gorthaw don, dig wrthyd wyf,
Llifiaint, distewch, tra llefwyf.

Clyw Fôn, na bo goelion gau,
Nac anwir fyth o'm genau,
Gwiried Iôn a agorwyf
Dan Nêr, canys dewin wyf.

Henffych well, Fôn, dirion dir,
Hyfrydwch pob rhyw frodir.
Goludog, ac ail Eden
Dy sut, neu Baradwys hen :

Gwiwddestl y'th gynysgaeddwyd,
Hoffder Duw Nêr a dyn wyd,
Mirain wyd ym mysg moroedd,
A'r dŵr yn gan tŵr it oedd,
Eistedd ar orsedd eursail
Yr wyd, ac ni welir ail,
Ac euraid wyt bob goror,
Arglwyddes a meistres môr.
I'th irhau cyfoeth y rhod
A 'mryson â'r môr isod.
Gwyrth y rhod trwodd y traidd,
Ynysig unbenesaidd.
Nid oes hefyd (byd a'i barn),
Gydwedd it, ynys gadarn,
Am wychder, llawnder, a lles,
Mwnai, 'mhob cwr o'th mynwes ;
Dyffrynnoedd, glynnoedd, glannau,
Pob peth yn y toreth tau ;
Bara a chaws, bir a chig,
Pysg, adar, pob pasgedig ;
Dy feichiog ddeiliog ddolydd
Ffrwythlon megis Saron sydd,
A phrennau dy ddyffrynnoedd,
Crwm lwyth, megis Carmel oedd.
O mor dirion, y Fôn fau,
Dillad dy ddiadellau ;
Cneifion dy dda gwynion gant,
Llydain, a'th hardd ddilladant.
Dawnus wyt, dien ei sail,
Prydferth heb neb rhyw adfail,
A thudwedd bendith ydwyt,
Mawl dy Nêr, aml ei dawn wyt ;
Os ti a fawl nefawl Nêr,
Dilys y'th felys foler.
Doniog fydd pawb o'th dynion,
A gwynfyd ym myd fydd Môn.

D'eglwyswyr yn deg loywsaint,
A'th leygion yn sywion saint,
Cryfion yn ffrwythau crefydd
Fyddant, a diffuant ffydd ;
Yn lle malais, trais, traha,
Byddi'n llawn o bob dawn da,
Purffydd, a chariad perffaith
Fydd yn lle cant mallchwant maith ;
Yn lle aflwydd, tramgwydd trwch,
Digon o bob rhyw degwch ;
Undeb, a phob unionder,
Caru, gogoneddu Nêr ;
D'enw a fydd (da iawn ei fod),
Nef fechan y Naf uchod ;
Rhifir di'n glodfawr hefyd
Ar gyhoedd gan bobloedd byd,
Ac o ran maint braint a bri
Rhyfeddod hir a fyddi . . .

Cywydd Ateb. Goronwy Owen.

AILYSTYRIED

Oes, y mae digon o bob rhyw degwch. Clywais gan amryw, ac yn wir teimlais innau'n debyg yn ystod fy mis cyntaf ym Môn, nad oes llawer o amrywiaeth yng ngolygfeydd yr ynys, fod rhyw undonedd a gwastadedd anhyfryd yma. Rhaid nad oeddwn yn ddigon sensitif neu na welswn ddigon ohoni. Erbyn hyn, wrth gymharu Mynydd Bodafon â minion Menai, Ynys Llanddwyn â Mynydd Paris, Bro Goronwy â thywyn Niwbwrch, ardal y llynnoedd â Mynydd Eilian, Llanfair-yng-Nghornwy â chors Ddyga, ni fedraf ond synnu at fy nhybiaeth arwynebol gynnar. ' Digon o bob rhyw degwch,' oes 'siwr.

Crwydro Môn. Bobi Jones.

FFANSI

Mae pentref bach ar gwr y lli
 Mewn cilfach glyd yn Ynys Môn ;
Am hwnnw y meddyliaf i
 Bob tro y clywaf air o sôn
Gan wŷr y wlad, gan wŷr y dre,
Am fan sy'n fwyn fel darn o'r ne.

Gwylanod gwynion yno'n dal
 I segur-droi uwch melyn draeth,
A chwch neu ddau, a phwt o wal,
 Ac arni'n pwyso henwyr ffraeth
Â'u llygaid ar y môr o hyd
A'u sgwrs am fannau pell y byd.

Ac wrth fy mainc yn ffatri'r dref
 Lle nid oes seibiant funud awr
Rhag sŵn peiriannau cras eu llef,
 Rhag gormes eu blysigrwydd mawr,
Fe'm caf fy hun yn sŵn y lli
Ar gwr o Fôn a garaf i.

Awen Môn. Goronwy Prys Jones.

PENMON

Onid hoff yw cofio'n taith
Mewn hoen i Benmon, unwaith ?
Odidog ddiwrnod ydoedd,
Rhyw Sul uwch na'r Suliau oedd ;
I ni daeth hedd o'r daith hon,
Praw o ran Pererinion.

Ar dir Môn, 'roedd irder Mai,
Ar ei min, aerwy Menai
Ddillyn yn ymestyn mal
Un dres o gannaid risial ;

O dan draed 'roedd blodau'n drwch,
Cerddem ym mysg eu harddwch ;
E fynnem gofio'u henwau
Hwy, a dwyn o'r teca'n dau,
O'u plith, ond nis dewisem,—
Oni wnaed pob un yn em ?

Acw o lom graig, clywem gri
Yr wylan, ferch môr heli ;
Hoyw donnai ei hadanedd,
Llyfn, claer, fel arfod llafn cledd ;
Saethai, hir hedai ar ŵyr
Troai yn uchter awyr ;
Gwisgi oedd a gosgeiddig
Wrth ddisgyn ar frochwyn frig
Y don, a ddawnsiai dani ;
Onid hardd ei myned hi
Ym mrig crychlamau'r eigion,
Gloyn y dwfr, glain y don.

A'r garan ar y goror,
Draw ymhell, drist feudwy'r môr ;
Safai'r glaslwyd freuddwydiwr
Ar ryw dalp o faen, a'r dŵr,
Gan fwrw lluwch gwyn ferw y lli,
O'i gylch yn chwarae a golchi ;
Yntau'n aros heb osio
Newid trem, na rhoi un tro,
Gwrandawr gawr beiston goror,
Gwyliwr mud miraglau'r môr.

Cyrraedd Penmon ac aros
Lle taenai'r haf wylltion ros
Ar fieri'n wawr firain,
A gwrid ar hyd brigau'r drain . . . .

Caniadau. T. Gwynn Jones.

AR Y GLANNAU

Cerddaswn wrth gwt y llanw o Fae Malltraeth, a'r gwylanod yn sgrechian, fel pe bai wedi gadael rhywbeth ar ei ôl. Ni welwn i ddim ond bilidowcer yn llaesu'i adenydd i sychu. Ac wedi taith-diwrnod-Sabath yr Iddew dros welyau cocos, sefais cyn cyrraedd safn fyth-agored y bae mawr, ac edrych yn ôl. A chan na welwn griw o ferched yn crafu'u bywoliaeth galed o'r traeth fel ystalwm, teimlwn mai tlotach pentref y cob, fel marchnad Lerpwl, heb hen gynhaeaf y bae . . .

Gwelwn y bont lle y cychwynnais gerdded gyda'r cob solet. Gwelwn hen adfeilion y Pandy lle y'm gadawodd, wedi'r filltir gyntaf, i gladdu'i ben yn nhywyn Niwbwrch. A gwelwn ar yr hen warin, a fu'n libart cwningod, snobyddiaeth pinwydd y Comisiwn Coedwigo, wedi disodli gwerin-iaeth styfnig y morhesg.

'Na,' gruddiai'r hen Ddafydd Wiliam unwaith, 'Dydi Jên El a Meri'r Pant, yn blygion ar blygion o ddillad fel nionyn, ddim yn caffio cynhaea'r morhesg. 'Wel'is i ddim stycia' morhesg, pob un fel iglw bach, ers cyn Rhyfal Cynta'; na neb yn Niwbw'ch yn 'i weithio'n rhaffa', yn 'i blethu'n fatia', na'i geisio'n danna' . . . '

Yr hen bethau a aethant heibio. A phan welwn i afon Cefni yn stodi dan yr hen bont, a chlosio at ochr arall y bae, ni synnwn i ddim. Onid di-newid oedd creigiau'r ochr arall ? Ac onid oedd y môr, ers canrifoedd rif tywod Llifon, wedi sgriblo'i gyfrinachau arnynt yn ei lawfer ei hun ? . . .

Trois tua Llandwyn feudwyaidd, rhyw hanner milltir i'r chwith ; rhyw grocodil o ynys wedi slipio o dywyn Niwbwrch i'r môr, ac yn codi'i phen ar ymosod . . . Dros ei chrwban, â'm pâr o wydrau cry, gwelwn stwmp yr hen oleudy bach, a'r goleudy ar ei phen, fel sigaret heb ei thanio. Daliai'r môr i galchu hwn, at ei gap abad o dŵr ; er ei fod heb lamp i daflu'i oleuni ar greigiau a bar Abermenai mwy. A gwelwn y rhenc o bedwar bwth gwylwyr y glannau gynt . . . Eu Sain Ffagan . . .

Mygai corn y tŷ pen, bwth ceidwad Ynys yr Adar a lynai yno,—Leusa Jôs, dros ei phedwar ugain. Yn y bwth y'i ganed y daearodd hi ar hyd ei hoes, gan gludo'i siopio ar gefn mules o Niwbwrch, dros bedair milltir o dywyn. Byddai cip ar ei phanaid i ymwelydd, a welai fynyddoedd Arfon drwy'r drws agored, megis tafliad carreg oddi wrtho. A buan y sylweddolai i'r hen wraig gref wylio'r Ynys *a'r* môr. Gwelai'i thystysgrifau am gaffio morwyr rhag gwely gwlyb. A gwelai grynhoad o'r ganrif o'r blaen,— darluniau olew o sgwneri capteniaid Niwbwrch tan eu haceri o gynfas gwyn, yn tragwyddol rowndio'r Horn.

'Mi dynn'is i 'nghap ganwaith iddyn hw,' cyffesai Dafydd Wiliam, 'ac i Leusa Jôs . . . '

Llawenhawn o edrych ar y Groes Geltig dros adfeilion y Fynachlog. Mi welwn arni yr hyn na wêl ond y dewisedig rai a ymdrecha gyrraedd Landwyn redynnog,—dau aderyn, yr unig bâr o'u rhyw ym Mhrydain,—y Montague Harrier.

A hi'n wanwyn, a gardd mab Leusa Jôs yn byrstio'i ffens, gwyddwn fod gofalwr y Warchodaeth Natur yn rhywle'n saernïo nyth iddynt ; ac y cawn seiad ar ôl ag un a wyddai am bob blodyn prin na thyf ond ar y tywyn a'r Ynys. Ac mi welwn ddau gariad ymhlyg uwchben Ffynnon Dwynwen; taflent geiniog i'r dŵr i brofi eu serch, yn ôl yr hen draddodiad ! Onid y Santes oedd Falant y Cymry ? Brysiais at y sarn a gydiai'r ynys wrth y tywyn.

Ni chafodd Llandwyn annibyniaeth oddi wrth y tir mawr. Fe'i cydiai esgus o sarn gul a threuliedig wrth fywyd y tywyn. O bobtu iddo, cerrig caboledig wedi tragwyddoldeb o olchi, eu gogrwn, a'u graddoli, i droi'n llwch.

Wrtho y trewais ar Dafydd Wiliam, wedi ymlwybro o Niwbwrch i ddilyn ei hen bleserau. A beth a gawn i ganddo'r tro hwn ? Byrddio rhyw sgwner fel y 'Jason' gynt yn *homeward-bound* i'r Felinheli ? Ai rec ar y bar ? Ai'r cwt ieir hwnnw a fwriodd at ei gilydd o froc môr, a stori'r môr un noson yn cythru iddo, ei godi'n glir dros y rhenc, a dyrnu'r graig ag ef? Strotyn arall am smyglo halen o'r Werddon? Bywydfad Rhoscolyn yn brwydro cyrraedd y 'Jane Anne', a phob un o'r criw yn colli'r melud? Marchnad ddu wyau'r gwylanod? Beth a gawn i. Gan fy mod i'n gwybod mesur ei droed yn go dda, ni chefais erioed gaff gwag!

''R oeddwn i wedi'i hofni-hi cyn iddi dwllu. 'R oedd yr hen riff'na ar y bar, Casag Falltra'th, yn gweryru ers tua thri o'r gloch. A dyma'r gêl o'r *Sou'-West* yn troi'n *Roaring Forties.* Wel'is i 'rioed gymaint o fôr yn 'i gwneud hi i fae C'narfon. Wyddoch chi be' 'roedd C'narfon i' weld yn codi a gostwng, fel ceffyl bach meri-go-rownd mewn sioe. Wel, mi dwllodd yn gynnar. Tua hannar nos, yng ngola'r goleudy 'ma, mi wel'is sgwnar fawr mewn *distress* yn dragio'i hangor reit rhwng Llan'haearn a Dinas Lwyd. A dyma fi'n tanio'r ganan, a disgw'l. Mi fyddai'r hen ddyn 'nhad yn Niwbw'ch wedi'i chlywad. Byddai'r bosun yn stodi allan o'i wely i chwythu'r grogan i gynnull y criw'n y pentra. Chwythu'n galed am bum munud, a dyna'i drefn o: yna gollwng y grogan yn y fan a'r lle, troi'i gap a'i big tu ôl, siartio'i gwrs yn y t'wllwch, a dechra' rhedag. Mi gawsai'r cynta i gyrra'dd bwys o faco. 'Roedd yn rhaid iddo redag hefyd, gwyddai fod Siôn-chwilio-am-waith yn byw'n y Pandy'n ochor Malltra'th acw, yn arfar reidio mul.

'A rhwng y baco a sodla' 'r cythra'l diog, cawsai'r hẹn ddyn 'nhad job i fyrddio Llandwyn 'ma o'i flaen o. Mi redodd 'nhad, 'roedd o'n ddyn sbriws, yn 'i breim 'r adag honno; rhedag i ddannadd y gêl waetha' wel'is i rioed; weithia'n bwrw'i bedola'n y poncia' tŵad; weithia'i fyny ac weithia'i lawr; rhedag, a'i weld 'i hun yn hir. A wyddoch chi be'? Pan ddechreuodd hi oleuo, mi ffeind-iodd 'i hun wrth y Pandy! Do!!' . . .

'R oedd y glannau'n llawn awgrymiadau o weithredoedd mawr y môr. Crisialwyd telynegion ar gregin. Gadawodd yr enfys ei lliwiau ar flodau gwyllt. Ôl trais y môr . . . 'Beating the rocks with a dead child', chwedl W. H.

Davies unwaith am byth. A chan mai ' Emotion recollected in tranquillity ' chwedl Wordsworth yw Barddoniaeth, dim rhyfedd i lannau Llŷn pell fwrw eu swyn i gerddi byw J. Glyn Davies, a rhoi anfarwoldeb i'r gŵr annwyl a'u cofiodd, a chodi angor ym Mhorth-dinllaen.

' Nid canu sy' ar y glanna' 'ma. Mae hi'n Gymanfa ganu yma rownd y cloc. Ydach chi'n gweld, tipian eiliada' amsar ma' 'r hen wyth niwrnod. Ond ma' cloc Dafydd Jôs yn tipian oesoedd . . . '

Y foment honno, aeth y môr yn ddistaw, fel pe bai rhywun wedi codi pin oddi ar record gramaffon.

' Dyna fo ! Y tawelwch cyn dechra' troi'n ôl. Mi ddaw i mewn *at six and a half knots* heddiw—am 'i bryd o gerrig eto.'

Tybiwn weld y graig yn ei sadio'i hun, a rhyw arwder ar ei threm. Yna, megis un gnoc ar ddrwm mawr, pell ; a dechreuodd y tonnau eu sgifflo hi i mewn . . .

Y Genhinen. Tom Parry Jones.

TAITH FFARWEL

Mi awn i weld Môn unwaith eto. Nid am fod llawer o harddwch yn ei milltiroedd gwastad, di-goed. Ond am fod rhyw henaint tawel ar ei herwau hi. Y beudai sy'n cysgu mor llonydd â'r glesni o ben Mynydd Eilian ar ddydd o haf. Byddai'n rhaid imi fynd mewn trên dros Bont y Borth rhwng y pedwar llew tew, a newid a mynd mewn cerbyd bach bregus hyd y ffordd i Langefni. Ond mae harddwch hefyd ym Môn. Mae harddwch ym Menllech, ac am a wn i nad yw'r garafan yno o hyd lle y buom ni'n ffrïo pysgod ffres o'r bae gyda thatws newydd a phŷs, a chysgu'n drwm yn aroglau'r heli gyda'r haul yn ysfa yn ein crwyn. Mae harddwch ar y ffordd o'r Borth i Fiwmares, rhwng y coed a'r muriau Sbaenaidd, a mynyddoedd Arfon ar eu pennau ym Menai las. Mi awn eto i Fôn. Ac ni wnawn ond galw eto wrth fedd Branwen a thynnu fy het yn y machlud a symud yn ddistaw, rhag digwydd ei thynged i minnau cyn gorffen fy nhaith ffarwel.

Cyn Oeri'r Gwaed. Islwyn Ffowc Elis.

HIRAETH AM FÔN

Byw yn hen lle ces fy ngeni,—fy Iôr,
Yw f'hiraeth a'm gweddi :
Yn naear Môn, rho i mi
Wely tawel 'rôl tewi.

Englynion a Chywyddau. Thomas Nicholson.

I FÔN

Hudoles aeres dyli—a dwyfraich
Y dyfroedd amdani ;
A rhoddodd y môr iddi
Ynau llaes o ewyn lli.

Cynnar hafau'r canrifoedd—iddi hi
A ddug eu goludoedd ;
Yr haul mawr a'i fwrlwm oedd
Yn nhegwch ei choedwigoedd.

Gwyn fyd y grug a ganfu dy greigiau
A daear addwyn i ledu'i wreiddiau,
Yn iach wen Ynys, O, na chawn innau
Rodio i orwedd yng nghwr dy erwau ;
Y mae gorhoen ddiboenau, a nawdd Iôn
I brudd ddeillion yn hedd dy briddellau.

Awen Môn. R. R. Thomas.

YNG NGOLAU'R LLEUAD

. . .Pont y Borth dan leuad Hydref, dyna un arall o'r golygfeydd prin nas anghofir byth. Ac un o olygfeydd mawr fy mywyd innau hyd yn hyn oedd yr olygfa gyfriniol honno un noson o Hydref lawer blwyddyn yn ôl,—noson gannaid olau leuad. Yr oedd y lleuad lawn ar yr awyr, a'r awyr yn ddulas o'r tu ôl iddi, a'r sêr yn fflachio'n welw a swil yn ysblander y lloergan. Oddi tanaf yr oedd Afon Fenai, yn llawn llanw, yn llonydd â'r llonyddwch hwnnw pan fo'r llanw ar ei lawnaf, heb osgo at dreio. Yn y pellter yr oedd Biwmares, fel perl ar ffiniau Môn, a'i goleuadau rhwng fflachio a pheidio, a'r Borth yn ymyl yn llechu'n gynnes yng nghesail ei bryn. A dacw Ynys Llandysilio a'i mynwent, a'r cerrig gwynion, sythion, fel meirw yn eu hamdoau, newydd atgyfodi, ac wedi llonyddu drachefn dan y swyn. Collasai Tŵr y Marciws ei herfeiddiwch, ac ymddangosai fel petai'r ddaear yn ei ddefnyddio'n fys i'w estyn tua'r rhyfeddod uwchben, a bryniau Môn a choed Arfon yn syllu a gwrando mewn dwyster mud. A'r Bont ei hun fel gwe dros y gwagle, a minnau'n bryfyn diymadferth wedi fy nal ynddi. A thros y cwbl gaddug ysgafn, hudolus fel mantell o wawn, ac yn ddigon tenau i weld fflachiadau'r sêr drwyddo ar wyneb y dwfr. A'r lloergan yn ddylif dros bopeth. Yr oedd yn llethol dawel yno, fel petai rhyw ddisgwyl anesmwyth a dieithr wedi meddiannu popeth, a si ysgafn o'r dwfr a'r goedwig yn angerddoli'r tawelwch.

Gyda'r Hwyr. E. Tegla Davies.

SIR GAERNARFON

Ymestyn Sir Gaernarfon o Fraich y Pwll ger Uwchmynydd, ym mhlwyf Aberdaron, ar y naill law, i Forfa'r Rhyd, ym mhlwyf Penrhyn (Llandudno), gyda Menai rhyngddi a Môn, ac ar y llaw arall i Drwyn Porth y Gest, lle y llif Glaslyn i'r môr. Y graig y saif goleu-dŵr y Gogarth arni ydyw'r pwynt mwyaf gogleddol, a Thrwyn Cilan ger Porth Ceiriad, ym mhlwyf Llanengan (Llŷn), y mwyaf deheuol. Cynnwys hefyd Ynys Enlli, a saif ryw ddwy filltir i'r de-orllewin o Drwyn y Gwyddel ym mhlwyf Aberdaron, Ynys Wylan Fawr ac Ynys Wylan Fach ger Trwyn y Penrhyn i'r de-ddwyrain o Aberdaron, ac Ynysoedd Tudwal ar gyfair y for-lan rhwng y Penrhyn Du a Thrwyn yr Wylfa i'r dehau o Abersoch.

Rhed y llinell derfyn rhyngddi a Siroedd Dinbych a Meirionnydd fel hyn :—O Forfa'r Rhyd ger y Rhos heibio i Neuadd Dinerth, ar hyd yr Afon Ganol heibio i Eglwys Llangwstennin a Mochdre at Sarn y Mynach, ac yna i Gonwy ar gyfair y Bennarth ger Conwy ; i fyny Conwy bron at Ddolgarrog, lle y gedir yr afon, i'r dwyrain heibio i Gapel Pwllterfyn, Nant y Wrach, at Afon Dyffryngall, ac yn ôl heibio i Gapel Salem, Garthmyn a Thanlan i Gonwy (dyma blwyf Maenan) ; yna ar hyd Conwy heibio i Drefriw, Llanrwst, Betws y Coed ac Ysbyty Ifan bron at Lyn Conwy, lle y'i gedy wrth Garreg y Ddefod, a thros y Llechwedd Mawr heibio i Gerrig y Llwynogod at Nant yr Ŵyn, lle y cyferfydd y tair Sir, Caernarfon, Dinbych, a Meirionnydd ; i'r gorllewin mwyach heibio i Lyn y Dywarchen, y Migneint, Llynnau'r Gamallt, Chwarel Bwlch y Slatters a'r Manod Mawr, dros y Foel Fras, Moel Penamnen, a'r Foel Farlwyd ; yna ar draws Bwlch Gorddinan, heibio i Lyn y Werddon uwch Chwarelydd Oakeley, Blaenau Ffestiniog, dros y Foel Druman, y Cnicht, ac ar draws Bwlch y Battel i lawr i'r Afon Dylif ger Nanmor ; ar hyd Dylif i Laslyn ychydig dan bont Aberglaslyn, ac i lawr Glaslyn i'r môr ger Porth y Gest fel y crybwyllwyd eisoes.

Enwau Lleoedd Sir Gaernarfon. J. Lloyd-Jones.

YN ABERGWYNGREGYN

Un o'm hoff lecynnau i yn Aber yw llethr y Ffridd Ddu uwchben y pentref. Dyma le godidog i orweddian yn yr haul ar ddiwrnod braf ac ymroi i ddiogi. Dacw Fôn o'n blaen 'yn freuddwydiol a mud' gyda thrwyn Penmon a'i oleudy, ac Ynys Seiriol gerllaw. Y Gogarth draw, ac yn nes atom ar y llaw dde, dibyn arswydus y Penmaen-mawr yn codi'n syth o'r môr dros fil a hanner o droedfeddi. Yn union oddi tanom, y mae Traeth Lafan, ac os bydd y môr ar drai, gallwn synio'n hawdd fod y tywod gwastad, gwlyb yn ymestyn bob cam at Fôn ei hun. Yn yr hen amser, byddai teithwyr o'r dwyrain yn croesi'r traeth o Lanfair-fechan neu o Aber bron at Fiwmares, ond gallai'r daith fod yn beryglus os digwyddai i'r llanw droi cyn i'r cwch ddod i'ch cyrchu dros y sianel gul y llifa Menai drwyddi i'r dyfnfor. Yr oedd Traeth Lafan, meddai'r hen bobl, yn rhan unwaith o deyrnas Tyno Helyg a orchuddiwyd gan y môr, fel Cantre'r Gwaelod ym Mae Aberteifi, ond 'rwy'n ofni bod y chwedl honno wedi ei chwalu bellach ar ôl i'r Dr. F. J. North brofi mai natur ac nid llaw dyn a gododd y 'muriau' yr arferid eu dangos fel adfeilion o lys yr hen frenin o dan y dŵr. Ond o'r holl hanesion cyffrous a gysylltir ag Abergwyngregyn stori Siwan sy'n cyffwrdd agosaf â'r galon, y stori a droes Mr. Saunders Lewis yn un o gampweithiau mwyaf y ddrama Gymraeg. O'r Ffridd Ddu, gallwn edrych i lawr ar domen Pen y Mwd wrth gwr y tai yr ochr yma i'r nant. Tomen castell ydyw, ac fe'i codwyd efallai gan y Normaniaid ar eu cyrch cyntaf i Wynedd yn nyddiau Gruffydd ap Cynan. Yma yn ôl pob tebyg y safai wedyn un o hoff lysoedd Llywelyn Fawr, priflys cwmwd Arllechwedd Uchaf, a rhywle yn ymyl y fan hon, ar ŵyl y Pasg 1230, y crogwyd Gwilym Brewys am ei odineb â Siwan. Oddi yma, os yw dychymyg Mr. Saunders Lewis yn dywysydd diogel, yr edrychodd Siwan o'i charchar dros Draeth Lafan at Benmon a deisyfu eidduned yn ei chalon :

O ffenest' llofft fy ngharchar
Tu draw i lawnt y grog a thywod Lafan,
Draw dros Fenai, mi welwn Dindaethwy a Llanfaes
A'r brain yn codi a disgyn ar y coed ger eglwys Catrin ;
'Roedd gweld eu rhyddid digerydd yn falm i galon carcharor.

Pan fydda' inna' farw,
Ei di a'm corff i drosodd mewn cwch a'i gladdu
Yno, yn y fynwent newydd, a rhoi'r tir
I frodyr Ffransis i godi tŷ a chapel ?

Cafodd Siwan ei dymuniad. Cymodwyd hi â'i gŵr, ond pan fu farw yn Llys Aber ymhen rhai blynyddoedd wedyn aed â'i chorff dros Draeth Lafan i'w gladdu yn Llan-faes ym Môn.

Crwydro Arfon. Alun Llywelyn-Williams.

Y PEILON

Tybiais pan welais giang o hogiau iach
Yn plannu'r peilon ar y drum ddi-drwst
Na welwn mwy mo'r ysgyfarnog fach,
Y brid sydd rhwng Llanllechid a Llanrwst.
Pa fodd y gallai blwyfo fel o'r blaen
Yn yr un cwmwd â'r ysgerbwd gwyn ?
A rhoi ei chorff i orffwys ar y waun
Dan yr un wybren â'i asennau syn ?
Ba sentimentaleiddiwch ! Heddiw'r pnawn,
O'r eithin wrth ei fôn fe wibiodd pry'
Ar garlam igam-ogam hyd y mawn,
Ac wele, nid oedd undim ond lle bu ;
Fel petai'r llymbar llonydd yn y gwellt
Wedi rhyddhau o'i afael un o'i fellt.

Cerddi'r Gaeaf. R. Williams Parry.

'DYFOD PAN DDÊL . . .'

Bu cyfnod pan arferem—yn bedwar eto—fynd bob dechrau Gwanwyn tros y mynydd o Fethesda, trwy Lanllechid a throsodd i Aber. Taith o ddwy awr neu dair yn ôl yr hamdden a gymerem. Wedi cyrraedd pen y bryn, yna eistedd am ychydig. Ymhell o'r tu ôl inni, y ddwy Garnedd, Dafydd a Llywelyn, ac ardal Dyffryn Ogwen ; o'n blaen, gwaelod gwlad cyffiniau Aber, Menai, a gwastadedd Ynys Môn. Golygfeydd i'w cofio ar ddiwrnod teg o Wanwyn.

Ond un tro, nid y Carneddau a welem ; nid Menai nac Ynys Môn, na'r coed yn dechrau glasu, ond rhyw lesni mwyn hudolus a ymdaenai ymhell odanynt gan bereiddio'r awyr a anadlem. ' Clychau'r Gog,' fyrddiynau ohonynt, yn gyfoeth afradlon unrhyw ddiwrnod ond y diwrnod hwnnw. Cyfoeth yn siŵr, nad aeth yn afradlon y pnawn diangof hwnnw o Fai. Er cymaint ein hawydd i gasglu tusw ohonynt, ni fynnem, rhag drysu'r gyfaredd a daenasant dros yr encil honno.

Ymhell islaw inni, ac i gyfeiriad Menai, cawsom gip ar glochdy hen eglwys Llandygai yn codi'n llwyd a distaw rhwng brith lesni'r coed o'i gwmpas. Cip ymhellach ar rimyn gloyw o Fenai, ac Ynys Môn yn llyfn mewn niwlen denau o'r Gwanwyn. Ond mwy na digon inni y pnawn hwnnw oedd ' y gwyllt atgofus bersawr ' a ' hen lesmeiriol baent ' y ' blodau gleision a dyf yn sŵn y gog.' Byth er hynny, pan brofodd Williams Parry yr ias a'i meddiannodd—

> Y *mae* y gog a'i chlychau
> Yn gyffro yn y gwynt.

Corlannau. J. O. Williams.

COED

Ni wn i sut olwg yn union oedd ar Nant Colwyn cyn i'r Comisiwn Coedwigo ddod yma a phlannu'r coed a welwn ar y tir y tu draw i'r afon, ond y mae'n anodd gennyf gredu fod harddwch y fro wedi ei ddifetha mewn unrhyw fodd. Yn hytrach yn wir i'r gwrthwyneb. Tir coediog, gwlyb a geid gynt ar lawr y dyffryn, a llawer o fawnogydd, a thybiwn i fod y coed wedi ychwanegu cryn dipyn at odidowgrwydd yr olygfa. O leiaf y maent wedi ychwanegu llawer at liwgarwch y Nant, achos y mae'n syndod cymaint o amrywiaeth a geir yma heddiw ar wyrdd a glas. Y mae'n werth aros am funud neu ddau wrth y tro cyn dod at Lam y Trwsgl ac edrych yn ôl tua Moel Hebog. Dacw Gwm Meillionnen a'r coed yn ei lenwi hyd yr ymylon, yn don fawr o wyrdd tywyll, dieithr. Uwchben, llethrau glas Moel Hebog, a'r Foel Lefn, a'r graig lwyd yn garwhau'r copäon. Ac yma ac acw yn y fforest, ambell lannerch o wyrdd golau, siriol, lle gadawyd darn o borfa ir wrth dyddyn hen neu hafod. Y mae'n wych o batrwm mewn lliw, y simffoni hwn mewn gwyrddlesni.

Crwydro Arfon. Alun Llywelyn-Williams.

CADERNID GWYNEDD

TAEOG. Ond nis gweli mwy.
Mae Ieuan Frenin Lloegr yng nghaer Deganwy.
Daeth drwy'r Berfeddwlad fel y daw gwynt y Dwyrain,
Yn llym a miniog, a heb falio yn neb.
Yfory bydd ym Môn, drennydd yn Llŷn.
Fe ddwg yn anrhaith ddefaid, gwartheg, meirch,
A'n dwyn ninnau yn gaethion, wŷr a phlant,
I garthu geudai, ac ni bydd yng Ngwynedd
Ond lladdedigion gwelw yng nghwr y llwyni,
A'u gwaed yn ceulo'n ddu yng ngwres haul Awst,
'Rwy'n mynd tra gallwyf.

MILWR. Wele yma, arglwydd,
Un o'ch taeogion chwi eich hun ar ffo.

EDNYFED. Gad lonydd i'r tywysog, oni weli
Y blinder yn ei lygad, ac yn ei gam
Lesgedd sydd fwy na phall a gwendid corff—
Lludded yr enaid clwyfus ? Pan fo'r blaidd
A'i gylla'n llwm, gefn gaeaf rhewllyd gwag,
Yn rhuthro atat, tybed a sefi di
I dynnu draenen fach o flaen dy fys ?

MILWR. Ond gŵr wyf i i'm harglwydd, tyngais lw
I wylio'n gyson . . .

LLYWELYN. Da iawn yw i mi
Wrth bawb sy'n gwylio heddiw. A dyma ti.

TAEOG. Eich nawdd, fy arglwydd.

LLYWELYN. Y mae rhai o'm gwŷr
Ar Fwlch y Ddeufaen, a Phen yr Olau Wen,
Ar gopa'r Drysgol Fawr, ac ar lethrau'r Llwytmor,
Rhai yn ysgrythu dan y prysgwydd, rhai
Mewn corsydd lleidiog, a phob un yn gwylio.
Mae gwylwyr yma, ar bwys yr hafod hon,
A phob dau canllath oddi yma i Aber ;
Gwylio am fflach tarianau yn yr haul,
Neu flaenau gwaywffyn goruwch y mangoed.
Mae Gwynedd oll yn gwylio—pawb, ond tydi.

TAEOG. Mi a droseddais, arglwydd.

LLYWELYN. Y mae haul
Aeddfed Gorffennaf ar y llechweddau hyn
Yn felyn foethus ; fel y treulia'r haf
Yn hydref swrth, ac yna'n aeaf gwyllt,
Derfydd am lefain croch y brwydro hwn.

Bydd cân y prydydd, cainc telyn a chrwth,
A chwedlau'r cyfarwyddiaid am blant Don,
Am Gulwch ac am Arthur ac am Gai
Eto'n difyrru'r teulu yn y llys
Nosweithiau trymdroed gaeaf, a bydd tân
Yn ffaglu'n fil o fflamau siriol sionc,
A medd i'w yfed.

TAEOG. Arglwydd, mi fûm ar fai.
Tosturiwch wrthyf. Yr ydym ni daeogion,
Wrth hir drin anifeiliaid mud, yn mynd
Yn fud fel hwythau, ac ni allwn ddweud
Ai da ai drwg yw dim. Wedyn daw ofn
Y pethau na ddeallwn.

LLYWELYN. Nid oes un Sais
Rhwng yma ac Aberffraw—Pentir, Glasinfryn,
Penchwintan ; y mae afon Fenai'n las
A chynnes dan ysgraff Porthaethwy heno.
Ac o dueddau Môn gwelir yr haul
Yn gwneud Eryri'n dapestri o liw,
A'r hafnau'n lleiniau duon ar y porffor—
Creigiau Eryri, noddfa Cymru erioed,
Cadernid Gwynedd a'i bythol obaith hi.
Dan fendith Duw a'r Forwyn, a thra bo
Y taeog a'r tywysog yn gytûn,
Ni reibia Sais byth mo'r mynyddoedd hyn.

Llywelyn Fawr. Thomas Parry.

BRO'R CHWARELI

Rhoes fflam bach ar y lamp, aeth allan a throi i gyfeiriad y mynydd. Yr oedd yn noson olau leuad, ac yr oedd y ffordd yn llwydwen o dan ei draed. Codai dafad yn awr ac yn y man yn ddistaw o'i gorweddle wrth glywed sŵn ei droed, a rhedai i rywle arall. Yr oedd sŵn y ffrydiau mor dawel nes gwneud iddo feddwl mai troi yn eu hunfan yr oeddynt ac nid llifo. Eisteddodd ar garreg fawr. Gorweddai'r pentref odano fel gwlad y Tylwyth Teg dan hud y lleuad . . . Yma ac acw fel smotiau duon yr oedd tai'r ffermydd bychain, a chlwstwr o goed o'u cwmpas yn cysgodi'r gadlesi a'r tai. Ar y tai eraill disgleiriai'r lleuad, a rhedai ei goleuni'n rhimyn ar hyd llechi'r to. Yr oedd cysgodion y tai yn hir o'u blaen, ac edrychai'r caeau'n felyn yn y goleuni. Yn y gwaelod isaf yr oedd cae ŷd yn ei styciau. Yr oedd y tir o gwmpas lle'r eisteddai ef yn gochddu, a gwyddai Owen fod yr holl dir, cyn belled ag y gwelai ei lygaid, felly i gyd—tua chan mlynedd cyn hynny. Yr oedd y bobl a oedd yn gyfrifol am droi lliw'r tir yn wyrdd yn gorwedd erbyn hyn ym mynwent y plwy, yn naear frasach y gwastadedd a orweddai rhyngddo â'r môr. Daethai rhai ohonynt o waelod y plwy i drin tir y mynydd ac i fyw arno, ac aethant i'w cynefin i dreulio'u ' hun hir.'

Ac nid o flaen ei lygaid yr oedd gwaith y dwylo caled hynny. Gallai ddychmygu am wledydd lawer ar hyd y byd, trefi mawrion, a rhesi dirifedi o dai â llechi Moel Arian ar eu to, a'r un lleuad ag a ddisgleiriai ar dai Moel Arian heno yn taflu ei phelydrau i lithro hyd do'r tai hynny, yng ngwledydd byd.

Troes ei olygon at domen y chwarel. Heno nid oedd ond clwt du ar ochr y mynydd. Yr un bobl a oedd yn gyfrifol am godi tyddynnod ar fawndir oedd yn gyfrifol am domen y chwarel hefyd. Rhwng y ddau yma y bu'r pentrefwyr am gan mlynedd yn gweithio'n hwyr ac yn fore, nes mynd â'u pennau at lawr cyn bod yn bobl ganol oed. Tybiasai rhai ohonynt yr osgoent hyn i'w plant drwy eu hanfon i ysgolion a swyddfeydd a siopau.

Traed Mewn Cyffion. Kate Roberts.

DYFFRYN NANTLLE DDOE A HEDDIW

Ymwelydd

'D oes ond un llyn ym Maladeulyn mwy ;
A beth a ddaeth o'r ddâr oedd ar y ddôl ?

Brodor

Daeth dau wareiddiad newydd i'n dau blwy :
Ac ni ddaw Lleu i Ddyffryn Nantlleu'n ôl.

Ymwelydd

Pwy'r rhain sy'n disgyn hyd ysgolion cul
Dros erchyll drothwy chwarel Dorothea ?

Brodor

Y maent yr un mor selog ar y Sul
Yn Saron, Nasareth a Cesarea.

Ymwelydd

A glywsant hanes Math yn diwyd weu
Deunydd breuddwydion yn y broydd hyn ?
A glywsant hanes Gwydion yntau'n creu
Dyn o aderyn yma rhwng dau lyn ?

Brodor

Clywsant am ferch a wnaeth o flodau'r banadl
Heb fawr gydwybod ganddi, dim ond anadl.

Cerddi'r Gaeaf. R. Williams Parry.

Ni buasai rhaid i'r eira gwyn
Ar dir y Glyn mo'r glynu,
Gallasai fynd i fwrw ei luwch
I fannau yn uwch i fyny.
Amla' man y bydd o ar ben
Yr Wyddfa wen yng Nghymru.

Ni wnaf i mo'm trigfa yn agos i'r Wyddfa,
Ar un o'i gorsedda ni mynna mo'r bod ;
Lle oeraidd aneiri' a'r gwynt yn ysgythru,
A'r glaw arni'n dyrnu bob diwrnod.

Hen Benillion.

Y 'MYNYDD MAWR' A MINNAU

Cadarn yw sail 'Y Mynydd Mawr',
  Llawr styrmant lli'r ystormydd ;
Minnau'n sigledig ar bell hynt
  Dan ruthrwynt corwynt ceyrydd.

Llygaid di-serch ei wyneb syn
  Yw oerddwr Llyn Ffynhonnau ;
Calon gallestr ddi-wrid, ddi-wres
  Ei fynwes oer, ei fwnau.

Nid edwyn wynfyd bonedd cnawd,
  Neu adfyd tlawd mewn adfail ;
Ni chlyw gri oen wrth rwyllog glawdd,
  A geisio nawdd ei gesail.

Deigr ei chwerthin mewn lluwch yw llam
  Aber-llyn-cam i'r cymoedd ;
Ni ddawr am ddagrau dyfngri certh
  Awr anterth fy nghorwyntoedd.

Talgryf yw gwar Y Mynydd mud,
  Gwanwr tymhestloedd Gwynedd ;
Minnau'n gwargrymu wrth ei droed
  Gan henoed ac anhunedd.

Oesol yw lliw ei borffor wallt,
  Minnau a'm gwallt yn gwynnu ;
Disglair ei darian gref i'r drin,
  Minnau, ŵr crin, yn crynu.

Ond, er ei hen ddihenydd fri,
  A mi ar chwyrnli'n annos,
Aros i fynd mae'r Mynydd, ffrind,
  A minnau'n mynd i aros.

Aros ar Fynydd gwynddydd gwawr
  Y Deyrnas Fawr gadarnaf ;
Aros heb fynd yng nghysgod Tŵr,
  Y Gŵr a gywir garaf.

Telyn Eryri. G. W. Francis.

BRO

Fe ddaw crawc y gigfran o glogwyn y Pendist Mawr
Ar lepen yr Wyddfa pan gwffiwyf ag Angau Gawr.

Fe ddaw cri o Nant y Betws a Drws-y-coed
Ac o Bont Cae'r-gors pan gyhoeddir canlyniad yr oed.

Fe ddaw craith ar wyneb Llyn Cwellyn, ac ar Lyn
Y Gadair hefyd daw crych na bu yno cyn hyn.

Fe ddaw crac i dalcen Tŷ'r Ysgol ar fin y lôn
Pan grybwyllir y newydd yng nghlust y teliffôn

Fe ddaw cric i gyhyrau Eryri, ac i li
Afon Gwyrfai daw cramp fy marwolaeth i.

Nid creu balchderau mo hyn gan un-o'i-go,—
Mae darnau ohonof ar wasgar hyd y fro.

Myfyrdodau. T. H. Parry-Williams.

CYSUR ATGOF

Yng nghanol dwndwr anfad gwlad y glo
  Mae imi hiraeth am Eryri wen,
  Yr Wyddfa fawr a'i chrib yng nglas y nen,
A'r bwthyn gwyn a'r mwsog ar ei do.
Mi welaf borffor rug ar fryniau'r fro
  A rhedyn hydref yntau'n euraid len ;
  O'm lludded pe cawn arnynt bwyso 'mhen
Diflannai fy nhrallodion o fy ngho.
Cawn orffwys a breuddwydio am y daith,
  Ym more serch yn ardal Peris Sant,
  Hyd lwybrau'r gwyllt glogwyni yn y gwynt,
Dan gysgod llaes y Lliwedd llwm a llaith :
  Yr aros dan y gromlech yn y nant
  A'r oslef swynol glywais yno gynt.

Telyn y Dydd. R. Silyn Roberts.

I'R MYNYDD

. . . Ond erstalwm mi fedrwn dreulio dyddiau cyfan ar y mynyddoedd mawr, gan ymhyfrydu yn yr awel denau fain ar yr uchelfeydd, ac ar ôl cyrraedd y copa, mwynhau gogoniant yr olygfa ar bob llaw, ar y tir a'r môr, ac yn arbennig ar wylltineb aruthr Eryri—dyna'r prif beth i mi. Y gwylltineb. Mae 'na dlysni dihafal i'w weld weithiau ar ddiwrnod clir heblaw creigiau ysgythrog, a chymoedd moel. Medrwch weld dyffrynnoedd toreithiog, coed a meysydd gleision yn y pellter, nentydd, afonydd, a llynnoedd gloyw fel gwydr yn y pantiau. Cewch gipolwg yma ac acw ar Afon Menai, a Môn, 'yr ynysig unbenesaidd', a'r eigion glas o'i chwmpas. Serch hynny yr hyn a erys fwyaf yn fy nghof i yw'r unigeddau maith yn ymestyn i bob cyfeiriad, y mynydd-dir ei hun, yr anialdir diffaith, y diffeithwch anial. Hwnnw sy'n taro dyn . . .

Wrth edrych yn ôl, mi gofiaf yn fyw iawn am y tro y dringais Garnedd Llywelyn yn y nos. Fel hyn y bu . . . Clywed wnes i fod y bugeiliaid yn arfer hel y defaid i'w cneifio fesul mynydd, mewn trefn oedd yn draddodiad cenedlaethau, ac y buasai'n werth i mi weld Helfa'r Braich —dyna'r enw ar yr helfa fawr oedd yn rhwydo holl ddefaid Carnedd Llywelyn mewn un noson. Daeth yr amser nodedig ; ces air fod y bugeiliaid yn cychwyn am hanner nos, nos Sul, ac i ffwrdd â mi i Gilfodan, ffarm Richard Griffith, ewythr i mi, yng nghwr y Carneddi, Bethesda. Cyrraedd yno'n brydlon, a chael croeso mawr gan Modryb Elin. Pryd o fwyd, ac yna disgwyl i'r cloc daro deuddeg. Bugail neu ddau yn troi i mewn, pob un a'i ffon, a'i gi. F'ewyrth yn hwylio i gychwyn ; yr oedd ei gi yn barod ers meityn. Ces innau fenthyg ffon. Trawodd y cloc y rhif iawn, ac ymaith a ni yn orymdaith fach ddistaw, a gadael y tai a'r strydoedd am y mynydd, a'r twllwch, a chael pen y llwybr heibio'r Garth. Cerddem fel Indiaid Cochion y naill ar ôl y llall. Dyn mawr, tew, cestog oedd Richard Griffith, a cherddwn y tu ôl iddo, gan deimlo fel Goronwy

Owen ar ôl y Person Mawr mewn amgylchiad go debyg, 'fel bad ar ôl llong.' Bob hyn a hyn ymunai bugeiliaid eraill â ni, gan gymryd eu lle yn ddistaw yn y gynffon, pawb â'i gi, pawb â'i ffon. Tyfai'r orymdaith yn gyson.

Wedi i'm llygaid gynefino â'r twllwch medrwn gadw fy lle yn y prosesiwn yn burion : dilyn y golofn o dduwch duach na'r nos a symudai'n bwyllog o'm blaen, sef F'ewyrth Cilfodan. Os oedd lle iddo fo, yr oedd lle i mi—a sbâr. Erbyn hyn yr oeddem ar y mynydd agored, y Gurn Wiga ar y chwith, a ninnau yn anelu am lepan y Drosgl. Trois fy mhen yn ôl a gwelwn yno erbyn hyn lawer mwy o fugeiliaid a chŵn oedd wedi ymuno â ni. Nid oedd neb yn siarad, ac nid oedd neb yn cyfarch y newydd ddyfodiaid—dim ond dal i gerdded ymlaen. Yna gwelsom ffagl o dân ar y mynydd ymhell ar y chwith i gyfeiriad Llanllechid, ac meddai un o'r cwmni, 'Hogia Bryn Eithin sy'n deud eu bod yn dŵad.' Ymhen hir a hwyr gwelem ddau ddyn yn eistedd uwchlaw'r llwybr yn ein disgwyl ni, wedi croesi Waun Cws Mai a thorri i'n cyfarfod. 'Ewch chi hefo mab Bryn Eithin', meddai F'ewyrth, 'mae o'n mynd ymhellach na neb, i warr y mynydd, yn union y tu ôl i ben Carnedd Llywelyn. Mi ydwi'n troi rwan i'r lle 'r ydwi i fod'. Ac aeth. Edrychais yn f'ôl : yr oedd fy nghynffon wedi diflannu, pob bugail a'i gi wedi troi ymaith yn ei dro i gymryd ei le erbyn toriad y wawr. Gwyddai pob un b'le i fynd, a phryd i fynd. Ac erbyn toriad dydd byddai cylch o ddynion a chŵn o gwmpas y mynydd mawr—ochr Arllechwedd Uchaf iddo. Ar lasiad y dydd, cyn gynted ag y medrid gwahaniaethu rhwng defaid gwlanog, a defaid llymion—sef rhai eisoes wedi eu cneifio—yr oedd pawb i gerdded ar ei gyfer, a hel y defaid gwlanog o'i flaen i gyfeiriad y buarthau neu'r corlannau ar lan yr Afon Wen, yng ngwaelod y Braich.

Ond fy ngwaith i oedd canlyn mab Bryn Eithin, a'i holi. Pwy oedd wedi trefnu iddo fynd i'r lle arbennig oedd iddo ? Ni wyddai : dim ond hyn, fod bugail Bryn Eithin i fod yno ar doriad y wawr, fore Helfa'r Braich, yn ôl hen hen arfer.

Chwaneg o ddringo, crafangio i fyny'r Foel Grach, ac i'r gefnen o fynydd oedd yn union y tu ôl i Garnedd Llywelyn. Aeth Evans yn ei flaen, a throis innau ar y dde yn syth 'i ben y Garnedd. Ac yno y bûm yn disgwyl iddi ddyddio.

Torrodd y wawr, heb ddim anghyffredin y bore hwnnw, a disgynnais i'r pigyn a elwir Yr Elan ar ysgwydd y Garnedd. Oddi yno rhedai esgair neu *fraich* i lawr i'r gwaelod, a chawn olwg iawn ar y ddwy ochr wrth ddisgyn yn araf deg i lawr ar hyd y trum. A dyna i chi olygfa. Ar bob ochr ymhell islaw i mi, gwelwn y llethrau yn fyw o ddefaid mân yn llamu o flaen y cŵn ar draws i ddechrau ac yna at i lawr, i gyfeiriad y corlannau. Gwelwn ddynion, un yma, un acw, yn gylch llac am y mynydd, yn gyrru'r cŵn at eu gorchwyl. Unai y mân yrroedd o ddefaid yn finteioedd mwy a mwy, fel y caeai'r rhwyd amdanynt. Erbyn i mi ddisgyn i ben y graig olaf ar y Braich, yr oedd yr holl finteioedd hyn wedi ymuno yn dyrfa anferth o dda gwlanog. Ni welais na chynt na chwedyn yn fy oes gymaint o ddefaid yn yr unlle. Faint oedd 'na ? Dwn i ddim. Tair i bedair mil, meddai un o'r bugeiliaid. O'u cwmpas gwibiai degau o gŵn yn ddi-baid—yr oeddent fel bleiddiaid rheibus ! Bob hyn a hyn torrai llwdn ifanc cryf o'r fintai, a'i chynnig hi am y mynydd a rhyddid. Ar drawiad rhuthrai hanner dwsin o gŵn am y cyntaf ar ei ôl, a chwarae brathu ei glustiau i ddysgu'r drefn iddo. Yr oedd y cŵn hyn yn llawn afiaith, ac fel petasent yn gorfoleddu cael tipyn o sbri fel hyn hefo'r ŵyn anhydrin . . .

Aeth y Bardd-Bregethwr J. T. Job gynt i fugeilio Aber Gwaun, ym Mhenfro, dan ganu Cân Ffarwel i Garneddi, Arfon. Hoffai bysgota yn y Ffrydlas, Afon Llafar, ac Afon Gaseg, yr afonydd sy'n llifo drwy'r anialdir y cerddem drwyddo'r noson honno. Y cafn mawr rhwng Carnedd Llywelyn a Charnedd Dafydd yw Cwm Pen Llafar. Mae'n werth i chi weld hwnnw. Anferth yw o gafn. Tair ochr o fynyddoedd tair mil o droedfeddi yn ei gau i mewn, ac un ochr yn llydan agored i Afon Llafar lifo allan. Hoff oedd Job o'i enwair, ac ymhyfrydai mewn pysgota yn y Cwm. Ond âi ef yno wrtho'i hun, a chafodd wir brofiad y mynydd, a'i unigeddau ; ac fe'i canodd :

Ffarwel i Gwm Pen Llafar,
A'i heddwch di-ystŵr ;
Lle nad oes lef—ond ambell fref,
A Duw, a sŵn y dwr.

I Ddifyrru'r Amser. Ifor Williams.

LLYN OGWEN

Mwyn gadael berw'r Betws
Pan fyddo'n uchel haf,
A newid syrthni'r dyffryn
Am lam yr awel braf.

Cyrchu'r hen lyn digyffro
A'r meini ar ei lan,
A gwrando'i donnau'n torri
Megis anadliad gwan.

Gweled y llethrau gleision
Yn lasach yn ei ddŵr,
A Thryfan yntau'n codi
Ei ben fel uchel dŵr.

Tŵr cadarn sydd yn gwarchod
Y gloywder yn y llyn
A'r heddwch sydd yn oedi
Rhwng y mynyddoedd hyn.

Sonedau a Thelynegion. William Jones.

AR FÔR I LEYN

. . . . . .

Goleuni'n wincio yma a thraw
  o lenydd Cymru,
mynyddoedd duon ar naill law,
  ar wybren lasddu.

Goleuni gwyrdd llong hwyliau draw
  yn myned heibio;
dwy stemar ar eu hynt, heblaw,
  a'u coch yn lliwio.

Goleuni Penmon gyda hyn
  o'n blaenau'n union;
fflachiadau clir y goleu gwyn,
  a'r cwrs i'r afon.

Biwmares, Bangor, yn y llwyd,
  mewn trymgwsg tawel,
a Phont y Borth ddidramwy gwyd
  uwchben yn uchel.

Hyd Fenai lonydd rhwng dwy lan
  o gaeau llwydion,
heb fwg o simdde hyd y fan
  na gweled dynion.

Mor dawel ar y llong; heb stŵr
  ond sŵn peiriannau;
gwynt miniog bore dros y dŵr
  a'r mwg o'n holau.

Y dŵr a'i daw, a gweld y wawr
  yn gwelwi'r dwyrain;
pelydrau'n saethu i'r awyr fawr;
  swyn cyfrin plygain.

Sêr yn diflannu yn y man
o'r awyr welw;
goleuni'r llong yn llosgi'n wan
a'r wawr ar lanw.

Y wawr fel goddaith isel glân,
a thros y dyfroedd
yr haul tu cefn fel rhimyn tân
ar grib mynyddoedd.

Gwylanod cras eu sŵn uwch ben,
neu'n nofio'r afon;
a'r haul yn torri drwy y llen
ar Gastell C'narfon.

Ac heibio'r Belan, gweld o hyd
yr Eifl fylchog
yn ddirfawr rhwng gwlad Lleyn a'r byd,
fel muriau caerog.

Carn Fadryn grom i'w gweld ymlaen
a Charn Boduan,
a thai pysgotwyr Portinllaen,
a'r cychod allan.

Cerddi Edern.

J. Glyn Davies

LLEYN

Heulwen ar hyd y glennydd—a haul hwyr
A'i liw ar y mynydd;
Felly Lleyn ar derfyn dydd,
Lle i enaid gael llonydd.

Cerddi Edern.

J. Glyn Davies.

LLŶN

Gwelais unwaith fap o Gymru ar ffurf hen wraig. Yn wir yr oedd hi'n gymwys yr un fath â hen wraig—Sir Fôn yn ben iddi (a bonet am hwnnw, os cofiaf yn iawn), Sir Benfro yn droed iddi, Sir Gaernarfon yn fraich iddi, a phenrhyn Llŷn yn flaen-bys i'r fraich. Ni fyddai Cymru yn gyflawn heb Lŷn. Byddai Sir Gaernarfon yn afluniaidd a phwt, fel bys wedi ei dorri yn y migwrn. Yn wir, byddai rhywbeth yngholl o gyfanrwydd pethau fel petai pe na bai Llŷn ar y map.

Pwyntio at Enlli y mae Llŷn—lle mae'r gorffennol o hyd yn nythu yn llonyddwch ei orffennol ei hun. Beth bynnag arall a roes Enlli i Lŷn rhoes iddi gyfran o'r llonyddwch hwnnw, llonyddwch yr oes o'r blaen, llonyddwch dôl a gweirglodd, lle mae'r afonydd yn ddiog a'r ffosydd yn swrth, a'r niwl yn cerdded i mewn o'r môr yn ddistaw, ddistaw bach.

Pe cymhwysai R. Williams Parry ei 'lyfnion hafod-lasau' at y pridd yn hytrach na'r awyr ni allasai nad at ddolydd Llŷn y cyfeiriai. Gorweddant yno'n dawel rhwng canllawiau Môr Iwerydd a Bae Ceredigion, rhwng Mynydd Anelog a Garn Fadryn, rhwng Mynydd y Rhiw a Chefn-amlwch, rhwng Enlli a godre'r Eifl, rhwng Pwllheli ac Aberdaron, rhwng Nefyn ac Abersoch. Hepian a wnaeth Llŷn erioed, hepian yn bendrwm—hepian yn ei chorsydd brwynog, hepian yn ei gelltydd tywodlyd, hepian yn ei bryniau crwban, hepian yn Llanfaelrhys a Sarn Meillteyrn, hepian yng Nghoed Nanhoron ac Abergeirch—a chysgu'n drwm yn Llanfihangel Bachellaeth.

Nid nad oes bywyd yn Llŷn—rhialtwch a hoen, gorohian a gorchest. Bydd yn troi yn ei chrud weithiau ac yn ymlafnio'n ymrwyfus, oblegid môr sydd o gwmpas ei chrud, a phan gyfyd y gwynt bydd yn lluchio'r heli drosti, ac fe'i gwelwch wedi'r storm wedi cacennu'n gramen galed ar ei chreigiau. Gellwch flasu'r heli ym mhob cwr o Lŷn, a blasu'r gwynt hefyd o ran hynny—y gwynt fydd yn llechorwedd am ddyddiau wrth Ben Cristin, ac yna gyrru ei garpiau cymylau gwyn fel plu'r gweunydd dros greigiau Aberdaron, a chewch eu gweld yn ymgorlannu'n glwstwr gwyn dros rosydd Rhoshirwaun, fel gyr o ddefaid newydd eu cneifio. Yna daw llatai'r ddrycin—hen gwmwl llwyd, bratiog, a duwch yn ei gesail, i lamhidyddio ei ddychryn dros y gelltydd. Cewch weld ei gysgod yn cerdded y corsydd ac yn dringo'r bryniau, ac yn parlysu'r grug ar Fynydd Cefnamlwch, nes bod eu porffor yn glasu gan ofn. Ac fe dyr y ddrycin—y gwynt yn udo wrth Fynydd Anelog, yn gyrru ei chwiban a'i sgrech i Goed Carreg Plas, ac yn cystwyo'r tonnau ym Mhorth Neigwl—yn chwipio'i gesyg gwynion ym Mhorth Colmon, ac yn tabyrddu ei fileindra ar gledrau'r creigiau. Cenlli'r trochion yn llarpio trwy'r ogofâu ac yn sgwrio'r graig ym Mhorth Tywyn, yn cronni'n ymchwydd byw cyhyrog i ail-ymosod, a'r graig fel paffiwr croenddu yn codi ei hysgwydd wleb o'r lli a'i duwch yn sgleinio fel eboni.

Gŵyr, fe ŵyr Llŷn beth yw ymlafnio yng nghynddaredd drycin a gwargaledu dan frath ei ffrewyll. Edrychwch ar ei choed a'i llwyni drain a'i pherthi eithin—Coed Nanhoron a Boduan, Coed Cefnamlwch a Beudy Bigyn—a'u gwarrau wedi eu plygu gan y gwynt. Coed yr ymylon yn tyfu wysg eu hochrau i warchod eu brig rhag dannedd y ddrycin, ac ambell dderwen unig ar gongl gweirglodd yn tyfu'n wargam gnotiog a chreithiau'r gwynt yn wrymiau brith ar ei chroen. Y perthi drain ar Ros Botwnnog a'u gogwydd at Laniestyn, a choed eirin Bryn-mawr yn plygu i'r un cyfeiriad—wedi hen ddysgu dal eu cefnau i'r gwynt pan fo'r diafol yn corddi Porth Neigwl. A beth am y goedwig fratiog, ridyllog ar Garn Boduan? Yn nyfnder gaeaf pan fo'r brigau'n llwm ac yn noeth cewch glywed y gwynt yn eu sgytian fel swp o esgyrn sychion.

Cloddiau pridd sydd yn Llŷn. Ni ddysgodd ei hamaethwyr hi godi gwaliau cerrig Eifionydd na phlethu gwrychoedd Sir Ddinbych. Hen gloddiau boldew, rhadlon yw cloddiau Llŷn—pob un yn ddigon llydan i natur ei droi yn ardd flodau. Clywais am risiau grawnwin mewn gwledydd pell, ond y mae'n rhaid dod i Lŷn i weld gerddi'n hongian yn llwyfannau brithion uwch y doldir. Llywethau hirion y gwyddfid yn crogi dros eu hymylon ; y grug yn clustogi'n dwmpathau porffor ar eu hochrau, a chlystyrau o friallu melyn mawr wrth eu traed. Clychau Mair yn pendympian yn eu glas distaw yn eu ceseiliau, ac ambell i glawdd eithin yn foddfa o felfed melyn ar bonciau heulog. Minarets y bysedd-cochion a'r gwenyn meirch yn grwnan yn eu cewyll mêl ; gwialen Aaron, Crinllys, Gold-y-gors, banhadlen . . . Dyna ran o gynhysgaeth Llŷn . . .

Nid yw Llŷn yn newid. Y mae heddiw fel y bu erioed. Dyna gamp Llŷn, medru aros heb newid er i bopeth arall newid o'i chwmpas. Rhoes y ceffyl le i'r goets fawr, a rhoes y goets fawr le i'r bws, ond yr un yw Llŷn o hyd. Yr un cymeriad sydd i'w phentref a'r un naws sydd i'w hawyrgylch. Gwir fod Melin Edern wedi distewi bellach ac nad oes ôl carn mul ar ffyrdd culion igam-ogam y cwmpasoedd, ond y mae'r ffyrdd yno o hyd yn dolennu dros y wlad rhwng cloddiau cartrefol. Penrhyn y llwybrau a fu Llŷn erioed, a phob llwybr a'i ben yn y traeth. Gwir nad oes na physgodwr na saer llongau yn eu troedio mwyach o dŷ i draeth ac o draeth i dŷ, ond y mae'r llwybrau yno o hyd, a rhywun yn eu cadw'n goch—amser efallai.

A dyna'r grug ar Fynydd Cefnamlwch—grug sy'n wahanol i bob grug arall—ei goch yn ffyrnicach, a'i borffor yn ddyfnach, a'i bersawr yn fwy cyfareddol—a'r hen fynydd yn ei wisgo dros ei ysgwydd fel hances sidan, a braidd na theimlech ei fod yn ei chodi'n uwch i fyny at y nos i gadw ei war yn gynnes pan ddaw barrug diwedd-Awst i grychu ei wegil. Felly y gwnaeth o erioed. Nid nad oes rhyw dristwch tyngedfennol mewn gwneud yr un peth yn yr un modd am ganrifoedd—fel digalondid undonog trai a llanw pan fo'r un hen deitiau'n troelli yn yr un hen dyllau cimychiaid. Ond tristwch neu beidio, nid Llŷn fyddai Llŷn hebddo. Yr un hen rimyn melyn o dywod rhwng y graig ddu a glas y môr ym Mhorthdinllaen, ac ni ddeuwch byth i'w olwg dros y dorlan na chael sbec slei arno o gylchau'r gelltydd heb deimlo mai felly y bu erioed . . .

Y Genhinen. G. J. Roberts.

Y DIGWYDD

Yng nghyflawnder yr amser a gwyll yr hwyr
Y rhychodd ei chilbren y don,
A gadael rhigol feddw ar ei hymchwydd llyfn
A chysgod hwyl goch ar ei bron.

'R oedd egwyl a gosteg yng nghyntedd y lli
A hedd dros ei lawntiau taen
Pan lithrodd ei distaw ryfeddod hi
I loetran ym mae Porthdinllaen.

Ni ddaeth yno un foment o flaen ei phryd
Ac nid ydoedd eiliad yn hwyr,
Digwyddodd ei gwyrth megis geni gwawr
A mynnodd ei hawr yn llwyr.

Byddai drab yngholl o gyfanrwydd f'oes
A bwlch yn ei grib fel o'r blaen
Pe medrwn anghofio'r llong hwyl goch
A ddaeth neithiwr i fae Porthdinllaen.

Coed Celyddon. G. J. Roberts.

CAPEL NANHORON

Y mae capel bach gwyngalchog
  Ym mhellafoedd hen wlad Llŷn.
Dim ond un cwrdd chwarter eto
  Ac fe'i caeir,—dim ond un.
Y mae llwydni ar bob pared,
  Dim ond pridd sydd hyd ei lawr.
Ond bu engyl yn ei gerdded
  Adeg y Diwygiad Mawr.

Ni chei uchel allor gyfrin,
  Na chanhwyllau hir o wêr,
Na thuserau'r arogldarthu
  Yma i greu'r awyrgylch pêr
Sydd yn gymorth i addoli
  Ac i suo'r cnawd a'r byd,
Ac i roddi d'enaid dithau,
  Mewn perlewyg yr un pryd.

Ni chei gymorth yr offeren
  I ddwyn Duw i lawr i'r lle,
Na chyfaredd gweddi Ladin,
  '*Miserere Domine.*'
Ni chei yma wawr amryliw :
  Dwl yw'r gwydrau megis plwm,—
Dim ond moelni Piwritaniaeth
  Yn ei holl eithafion llwm.

Ond er mwyn 'yr hen bwerau'
  A fu yma'r dyddiau gynt,
Ac er mwyn y saint a brofodd
  Yma rym y Dwyfol Wynt,
Ac er mwyn eu plant wrth ymladd
  Anghrediniaeth, ddydd a ddaw,
Amser, sy'n dadfeilio popeth,
  Yma atal di dy law.

Cerddi Cynan. Cynan.

YNYS ENLLI

Bu yma noddfa i'r ugeinmil saint
a gyrchodd tuag Enlli pan oedd llu
Aethelfrith ar eu gwarthaf megis pla,
a phan oedd ffydd trwy Gymru oll ar gil:
yma y llosgai'r Golau oddi fry
pan gripiai gwyllon anghrist dros y tir . . .
Ond aeth y gwynt a'u moliant gydag o
a gado'i hiraeth yn y tonnau trist,
a'i angerdd yn y glaw a gura'r llain
a guddia lwch dihangol weision Duw.
Pwy ŵyr nad rhinwedd sawl sagrafen ddwys
yw'r hedd a gaeodd am yr oror wen?
Ni cherdda'r un pererin mwy trwy Lŷn
a'i drymaidd drem yn ceisio'i glesni hi
a gweddi'n fregliach myngus ar ei fant;
ni cheffir yno falm mwyach ar friw
o ddwylo'r mynaich yn Abaty'r Gred,
ac ni phelydra hedd trwy'r ffenestr gul
a'r peraidd darth i giliau'r galon drom;
cans cydiodd breichiau'r iorwg am y tŷ
a sigo'i gryfder â chofleidiau taer;
fe ffwndrodd gwynt chwilotgar rhwng y main
a chwalu'r gafell glyd yn bentwr du,
ac oedodd Amser i eneinio'i waith
â chen a mwsog trwy'r canrifoedd hir.

A sanctaidd fydd yr ynys dawel mwy—
sanctaidd fel cysegredig bridd ei Llan;
fe erys yno hedd mor fwyth â chwsg
fel pe tariasai uwch ei thir a'i thon
fudandod dieithr bore cynta'r byd
pan rodiai'r Ysbryd y ddaearen lom:
yno fe sugna meibion dynion faeth

O'r haul a'r tir, a'u ffydd o'r gromen glaer ;
yno fe dynnir rhwydi trwm i'r lan
pan fyddo'r ysguboriau yn gwacáu ;
yno y gwywa'r hyna'n weddus iawn
yng ngodidowgrwydd aeddfed hirddydd oes . . .

Beirniadaethau a Chyfansoddiadau, 1935 Gwilym R. Jones.

Haul yn twnnu ar Ynys Enlli,
Minnau sydd ymhell oddi wrthi.
Pe bae gennyf gwch neu lestar,
Fe awn iddi'n ewyllysgar.

Hen Bennill.

DINBYCH A FFLINT

SIR DDINBYCH

Sir Ddinbych wedyn : a'r ardal a ddaw gyntaf i'm meddwl yw Cynllaith a Mochnant, ardal na ŵyr ond ychydig o Gymry amdani ; Llanrhaeadr, a'r Ficerdy lle y bu William Morgan wrthi yng nghanol ei helbulon yn cyfieithu'r Beibl, lle y mae bedd Gwallter Mechain ; Pistyll Rhaeadr ger llaw, un o saith rhyfeddod Cymru ; Llansilin a aeth bellach, ysywaeth, hytrach yn Seisnigaidd, er gwaethaf cwmwl tystion Cymru yn y gorffennol, a Sycharth, nad oes yno erbyn heddiw ond twmpathau lle y bu gynt

> Croes eglwys gylchlwys galchliw,
> Capelau a gwydrau gwiw.
> Pob tu'n llawn, pob tŷ'n y llys,
> Perllan, gwinllan, gaer wenllys.
> Gerllaw'r llys, gorlliwio'r llall
> Y pawr ceirw mewn parc arall . . .

Ym Mêr Fy Esgyrn. T. I. Ellis.

O BEN YR ALLT

O ben yr allt mae'r byd yn lluman hir
  A Dyffryn Conwy yn ei ganol ef,
Ac yn y pellter glas fe welwch dir
  Eryri yn bared rhwng y byd a'r nef.

O ben yr allt fe welwch dalp o'r byd
  A'r cloddiau'n cau am greithiau'r corstir llwm,
Y pridd yn gignoeth ar y gorwel mud
  A'r afon yn llyngyren yn y cwm.

Llwybrau Pridd. T. Glynne Davies.

BRO HIRAETHOG

Mae'r haf yn suo'n dyner
  Yn nhân y meysydd ŷd,
A chlywir bref yr anner ;
Mae'r haf yn suo'n dyner
Yng ngrawn a grug y Gader
  A hedd y celyn clyd :
Mae'r haf yn suo'n dyner
  Yn nhân y meysydd ŷd.

Mae hafaidd chwa yn crwydro
  Llennyrch y maeth a'r gwin,
A'r helyg sydd yn siglo,
A'r dŵr yn sipian-wylo
Wrth basio Nant y Bendro
  I Ddyffryn Clwyd a'i rin ;
Mae hafaidd chwa yn crwydro
  Llennyrch y maeth a'r gwin.

Mae hedd ym mro Hiraethog,
  A gwŷr a merched braf
Â llygaid syth, godidog ;
Mae hedd ym mro Hiraethog,
A phawb yn ddoeth a phwyllog,
  Bid aeaf neu bid haf ;
Mae hedd ym mro Hiraethog,
  A gwŷr a merched braf.

Blodau'r Gwynt. A. Gwynn Jones.

LLANSANNAN

Piau glodydd diddiwedd ?
Pencampwr cywydd Gwynedd,
Tudur Aled, fab Heledd.

Piau dysg bardd a phroffwyd ?
'Rathro Gruffydd a guddiwyd
Is Collen dan dywarchen lwyd.

Piau Archwedlog a'i nef ?
Hen alltud ymhell o'i dref,
Capten Gwilym Canoldref.

Piau'r Chwibren a'i henfri ?
Nefoedd lwyd a'i phroffwydi—
Wiliam Rees, Wiliam Salsbri.

Piau Fryn Bugad a'i fri ?
Saint y Seiat a'r weddi—
Marged Huws, Edward Parri.

Piau swyn Rhyd-yr-arian ?
Beirddion yn fawrion, yn fân,
A llon seiniau Llansannan.

Piau dristwch Rhyd-y-bedd ?
Calonnau caeth pob annedd,
Na wybu wyrth wrth byrth bedd.

Piau heddwch Hiraethog ?
Gwennol pan ddaw'n ôl, a'r gog,
Llwyni y grug a'r llwynog.

Piau hud y Garreg Gron ?
Arthur a'i ddur a'i ddewrion,
Codant o'u hun yn union.

Daear a Nef. Abel Ffowcs Williams

RHYD-YR-ARIAN

Anaml y ceir sôn yn Rhyd-yr-arian am begynau ein byd ni. Eto y mae i'r fro hon ei phegynau ei hun ; ni wn hyd heddiw mo'u rhif nac ymh'le y safant yn ôl y cwmpawd. Rhaid yw gado'r fan a mynd ymhell ohoni i glywed am y Gogledd a'r Gorllewin, y Dwyrain a'r De. Ynddi hi, cyfodi dros y Tryfan a wna'r haul yn y bore, ac ymachlud dros Fryn Nantllech yn yr hwyr. Ni ddaw'r un gwynt i Ryd-yr-arian ond o Fryn Seion neu Fryn y Foel, o Goed Oros neu Gae'r Groes, o Fryn Cnap neu'r Foty. Y mae rhai o'r pegynau hyn ar ymylon y fro fach lonydd, eraill y tu allan i'w ffiniau.

Ardal Rhyd-yr-arian a roes imi'r teimladau a'r meddyliau cyntaf am fyd ac am fywyd, ac nid oes ystyr mewn llawer profiad hyd heddiw ond mewn cyswllt â hi. Y coed a'r bryniau yno, y rhedyn tal a'r eithin melyn, yr aberoedd a'r doldir, y ffyrdd culion a'r llwybrau serth, y blodau gwyllt a'r adar mân, y defaid ar y maes, y wedd ar yr âr, y gwartheg dan ddeiliog bren a'u traed yn nyfroedd Aled ac yn bodlon gnoi eu cil ddyddiau haf, cri trist y gylfinir ym mrwyn y werglodd ar hwyrnos ddu gymylog—y teimladau a'r meddyliau o glywed ac o weld y pethau hyn yw'r teimladau a'r meddyliau a ddaw arnaf yn genllif beunydd ar droeon fy ngyrfa. Fe ddaw pob melys ag atgof am hen win Rhyd-yr-arian, a phob chwerw â blas ei wermod bore hi.

Y mae Bryn Seion yn union y tu ôl i Ryd-yr-arian, a thu allan i'r cylch. Aem ni blant i'r Ysgol Sul ar bnawn Saboth i'r capel anenwadol yno ers talwm. Ysgol Sul fach ddedwydd iawn oedd honno. Cofiaf i'r ysgolheigion gyrraedd deugain mewn rhif un Saboth, a bu synnu maith ar yr aelwyd gartref at rif y dyrfa fawr ym Mryn Seion y pnawn hwnnw. Ychydig a wyddem am ddim y tu draw i Fryn Seion yn y dyddiau hynny. Yr oedd Llanfair-Tal-Haearn a'r Betws ac Abergele wrth ei gefn yn rhywle. Ymhen blynyddoedd wedyn, cofiaf mai o dueddau Bryn

Seion y deuai'r gwylanod i'r cwysi o'm hôl, a disgyn y naill ar ôl y llall gyda'u hadenydd llydain a'u coesau hirion yn union wrth fy sodlau pan fyddwn yn aredig i wenith yn yr Hydref. A thros Fryn Seion y deuai'r llythyrgludydd i Ryd-yr-arian bob bore o'r newydd. Yr oedd byd mawr llydan a phethau rhyfedd ac ofnadwy y tu ôl i Fryn Seion.

Eithr yr oedd dieithrwch ac ofn y tu ôl i Fryn y Rhos. Bûm drosto rai troeon yn y bore bach ar ein ffordd i ffair Llanrwst gyda ' Loffti '. Yr oedd mynyddoedd mawr y tu draw i Fryn y Rhos—mynyddoedd Sir Gaernarfon. Nis gwelais ond yn y plygain pan oeddwn blentyn ; edrychent yn ddieithriol ac ofnadwy yng ngwawr y bore ym misoedd Mai a Mehefin. Gollyngdod oedd medru tynnu golwg oddi arnynt i edrych ar wningen wisgi a ruthai draws y ffordd o dan drwyn Loffti i'w thŷ yn môn y clawdd yr ochr arall ; edrych ar yr ebol bach yn Hafod y Gôg yn codi ac yn ymestyn o glywed trwst yn y ffordd oedd ' yn gul gan haf '; edrych ar y gwrych yn ein hymyl a'r mwsogl ar ei glawdd gwyrdd, y gwyddfid yn dringo'i gyll yma a thraw, a'r rhosyn gwyllt yn ei ogoniant afradlon. Hyfryd oedd pasio'r Garnedd i wastadeddau Llangerniw o olwg y mynyddoedd mawr dros dro. Eto wedi dod i olwg y mynyddoedd eilchwyl, wedi dod yn nes atynt a'r dydd wedi cerdded dipyn, yr oedd rhyw garedigrwydd yn eu gwedd a chadernid mwyn yn eu cwmni . . .

Y tu arall i Ryd-yr-arian saif y Creigiau Cyfleth. Arwain ffordd i fyny'r ffriddoedd hyn o fin Aled a'r dolydd glân islaw. Ar y dde i'r ffordd fawr y mae coed ffawydd tal. Y mae'r fwyell wedi ei dodi ar wreiddyn rhai o'r prennau erbyn hyn, a mwy nag un ystorm wedi cerdded yn ei hanterth drwy'r goedwig ac wedi gosod llawer ffawydden braf yn ddigon isel ei phen. Yr oedd golwg ddrylliog a chystuddiedig ar y fan pan welais hi ddiwethaf. Nid oes ond ychydig o dramwy ar y ffordd i'r Creigiau Cyfleth yn awr, a gorweddodd y ffawydd, rai ohonynt, yn eu cyrff marw trymion draws y lôn ddofn a chul. Dyddiau braf oedd y dyddiau hynny pan oedd llwybr dirwystr i'r ffriddoedd hyn, y dyddiau pan aem drostynt i Rwngyddwyffordd, dyddiau hoen a henaint fy nhaid a'm nain. Wedi cyrraedd pen y ffriddoedd byddai dyn heb yn wybod iddo'i hun yn troi i edrych yn ôl, yn troi ei gefn ar Lannefydd i sbio ar yr afon ariannaidd yn dod i lawr o'r mynydd drwy Lansannan ac ar hyd y dyffryn gwastad a chilio o'r golwg wrth nesau at Danycreigiau a Glan Aled. Man i oedi'n hir ynddi oedd y fan hon . . .

Ar dir yr un fferm ag y perthyn y Creigiau Cyfleth iddi y mae un o froydd hud Gwalia, man na fûm ynddo erioed, ond man y bu fy llygaid arno lawer gwaith bob dydd am flynyddoedd. Uwchben Rhyd-yr-arian, y tu ôl i dderi tewfrig, y mae ffriddoedd y Garreg Gron a chraig Bwrdd Arthur. Y mae hanes hen, swyn oesau pell a llawer lledrith a breuddwyd, ar y ffriddoedd hyn. Canys

Yma bu Arthur, yma bu Arthur dro.

Y mae cleddyf Arthur a'i darian yn y mur uwchben drws ffrynt y Plas Isaf o hyd. Bu Arthur yn byw yno, medd chwedlau'r fro, ac 'roedd ganddo lwybr tanddaearol dirgel o'r Plas Isaf i ben y Garreg Gron. Er na fûm ar Fwrdd Arthur y mae atgofion am bethau a berthyn i oesau pell wedi eu cysylltu â'r lle. Hiraeth rhyfedd yw'r hiraeth hwnnw am ddedwyddwch a thristwch hen gyfnodau—cyfnodau nad yw ein tadau na'n teidiau yn aml yn cofio amdanynt. Y mae llond y Garreg Gron o'r hiraeth am bethau cyn fy mod.

Yn nyddiau'r troliau a'r wageni aeth Ysgol Sul Horeb am ddiwrnod i Fwrdd Arthur un haf. Yr oedd y rhan fwyaf o drigolion Rhyd-yr-arian yn gweled y Garreg Gron o'u teiau ac o'u meysydd bob dydd, ond yno yr aethant i dreulio gŵyl y dwthwn hwnnw. Ac yno yr af finnau wedi mynd i Ryd-yr-arian y tro nesaf, yno i weld fy henfro o'r newydd ac i gofio am hen bethau, yno i glywed si brwd y deri bach corachaidd nad anturiodd neb erioed eu torri i lawr, yno i weled llwybrau'r Tylwyth Teg a phen ffordd ddirgel y brenin Arthur, ac i yfed o'r ffynnon lle y bu Arthur gynt

Yn torri syched hafddydd ar ryw rawd.

Eto wedi addo ac addunedu, efallai mai cael fy nhraed ar yr un llwybrau a wnaf ac nad anturiaf ddim newydd—rhag ofn . . . . .

Y mae'n rhaid cael man i ffoi iddo, weithiau, pan fo'r byd a'i bwys yn gwasgu'r ysbryd i'r pridd. Ac mewn ystormydd a thonnau geirwon y mae hedd yn Rhyd-yr-arian o hyd, yno y mae Loffti ar y maes, Tango ar riniog y drws, disgleirdeb ar wyneb Aled, hyfrydwch ar y bryniau, a gogoniant ar goedydd a dolydd bob tro yr ehed fy ysbryd blin i'r fan.

Y Traethodydd. A. Ffowcs Williams.

NANTGLYN

Mae'r Haf yn Nantglyn heno,
Yn nythu yng Nghoed y Plas,
Ac nid oes dim a'i cyffry
Yn hedd ei hundy glas.

Mae'r Hydre'n Nantglyn heno,
Didor ei gwsg a hurt
O dan ei gwrlid rhydliw
Yn rhedyn Tan-y-gyrt.

Mae'r Gaea'n Nantglyn heno
A Lliwen fach ynghlo—
'D oes yno neb a ddetyd
Ddolen ei gadwyn o.

Ond draw wrth Ryd-y-Gerwin
Mae bonclawdd llaes ar ŵyr,
Cusana'r haul ei ffarwel
Ar hwnnw bob min hwyr.

Yno daw'r Gwanwyn gynta'
I ffysgio'i basg di-gloch
A llenwi'r podau banadl
Ar gloddiau Segrwyd Goch.

Cerddi. G. J. Roberts.

DYFFRYN CLWYD

Mae'n debyg nad oes ddyffryn yng Nghymru â mwy o hen blasau ynddo na Dyffryn Clwyd. Yn y mannau teleidiaf, lle bo lliw ar bob llwyn, a llewych haul ar bob llechwedd, lle bo'r weirglodd bob amser yn las, a'r afon yn loyw ac yn glir, mewn mannau felly y carai hen uchelwyr Cymru godi cartref iddynt eu hunain. Ac o chwilio'r wlad drwyddi draw, anodd canfod unman a ddaw yn nes i'r ddelfryd na Dyffryn Clwyd.

Bu John Dafis, Nerquis, yn tramwy trwyddo lawer tro, a gwelai ynddo rhyw newydd wyrth o hyd. Un bore teg o haf, wrth edrych i lawr ar y dyffryn o gyfeiriad Sir Fflint, llethwyd ef yn llwyr gan yr olygfa, a mynnai'r hen bregethwr mai'r Nefoedd ei hun oedd wedi agoryd yn sydyn gerbron ei lygaid ! Soniai'r diweddar Isaac Ffowkes am ryw deithiwr o Sais a gafodd brofiad tebyg. Wedi cyrraedd ohono Fwlch Pen Barras, a gogoniant arddunol y Dyffryn yn ymagor o'i flaen fel darn o Baradwys, lluchiodd ei het i'r awyr, a gwaeddodd nerth ei ben—'*Well done, God* !' Gwelodd un o orchestion Natur, a rhaid oedd arno glodfori Duw am waith ei fysedd.

H. Francis Jones.

Hen Blasau Dyffryn Clwyd (*Cymru'n Galw*).

TWM O'R NANT YN SIR GAERFYRDDIN YN HIRAETHU AM DDYFFRYN CLWYD

O fin Clwyd a'i dŵr llyfn, clir,
Hudwyd fi i'r Deheudir,
I oerlwyn Abermarlais,
Difyr gyrch, ond ofer gais . . .

O na chawn amgenach hwyl
Hyd fryniau Clwydfro annwyl,
Lle ni flina'r gynnar gŵys
Roi ydau i'r baradwys.
Troi'n ôl i'r tir anwylaf,
I wlad deg gan olud haf,
Gwlad fras ei chynnyrch grasol,
Gwlad sy'n addfwyn, dwyn a dôl.

Torri gwanaf trwy Gynwyd,
A phrancio i lawr Dyffryn Clwyd,
Heibio'r nant sy'n geunant gwyn
O Hiraethog i Ruthun :
Gweled tir y gwaelod teg
Yn astud yn ei osteg,
A gwal syth yr Eglwys Wen
Yn sobri'r ddyfnlas wybren,
Dan edrych at Ddinbych ddoeth,
I ofyn am ei chyfoeth.
Gweled y tir yn lledu
Hwnt i'w gwm yn Nhrefnant gu,
I olwg tŵr Llanelwy,
Arab ei lais, mawr ei blwy.
Yno, cael fy nyffryn cu
Ar ddolydd o wyrdd wely,
Ei ddwy afon ddiofal,
A'i gaeau teg, a'i goed tal,
Yn wynfyd bywyd lle bo,
Yn geinwaith pan egino.

Beirniadaethau a Chyfansoddiadau, 1942. Richard Hughes.

YR HEN FRO

Llandegla yn Ial yw fy hen fro, naw milltir o Wrecsam, naw o'r Wyddgrug, naw o Ruthun, naw o Gorwen—naw milltir o bobman. Un o'r ardaloedd mwyaf diarffordd yng Nghymru ydyw. Nid ydych yn mynd drwy Landegla i unman o bwys—mynd yno a dyfod oddi yno, dyna'r cwbl. Ac eto, nid oes bron fudiad mawr yn Ewrop gyfan o wahanol hiliogaethau dyn, a brwydr fawr rhwng byd ac eglwys, dros bum mil o flynyddoedd, nad ydyw ei ôl ar yr hen fro. Yn y flwyddyn 1869, anfonodd Charles Darwin lythyr at Syr Boyd Dawkins, yr hynafieithydd byd-enwog, yn gofyn iddo fynd i archwilio ogofâu Perthi Chwarae a Rhosddigre (Rhos Uchaf i bobl yr ardal), dwy o ffermydd y fro. Aeth yntau, a bu yno am rannau o bedair blynedd, a daeth o hyd i rai o'r olion cyfoethocaf yng Nghymru o ddyn yr Oes Gerrig Ddiweddar, ryw dair mil o flynyddoedd Cyn Crist, y dyn bach tywyll ei wallt a hir ei ben y mae cymaint yng Nghymru yn ddisgynyddion iddo. Daeth o hyd i rannau o un ar bymtheg o ysgerbydau dynol, y cwbl yn gorwedd yn yr un dull, eu pennau gliniau wrth eu genau, fel y byddwn ninnau ar noson oer. Yr oedd esgyrn y cluniau yn fflat,—arwydd eu bod yn eistedd llawer ar eu sodlau. Daeth o hyd i esgyrn gwahanol anifeiliaid hefyd,—y ceffyl, y fuwch, y ci (ac yn enwedig gŵn bach), y ddafad neu'r afr, dau fath o garw, llwynog, arth, mochyn, mochyn daear (broch), llygod dŵr, cwningod, ysgyfarnogod, ac adar mawr. Ar gae'r Bryniau, fferm gyfagos, cafwyd pen bwyell garreg wedi ei gaboli'n gampus, a nifer o flaenau cerrig a saethau ; ac mewn un ogof, gyda'r ysgerbydau, ddarnau o lestri pridd. Wel, beth am y dyn bach ? Y mae'n amlwg ei fod yn dechrau dyfod yn wareiddiedig, gan ei fod wedi dofi'r fuwch, y ceffyl, y ci, a'r ddafad. Ai arwydd o wareiddiad oedd ei waith yn gwisgo crwyn eirth, llwynogod, a moch daear,—ffurf gyntefig y gôt ffwr ? Amlwg yw mai hela yr oedd am ei damaid. Rhoddai'r llestri pridd yn y beddau gyda'r cyrff, yn llawn o fwyd, er mwyn i'r ymadawedig gael tamaid ar ei daith i dir hyfryd yr hela tragwyddol. Nid ydyw'r garreg y gwnaed y fwyell a'r blaenau saethau ohoni i'w chael yn y fro, dim nês na'r Graig Lwyd ym Mhenmaenmawr. Corsydd a choedwigoedd oedd dros yr holl wlad. Rhaid felly fod y dyn bach—nid oedd yr un o'r ysgerbydau dros bum troedfedd a hanner o daldra—wedi taro ar gynllun trafnidiaeth rhwng ardaloedd pell iawn oddi wrth ei gilydd. O b'le y daeth i'r hen fro ? Daeth o dueddau'r Aifft ar hyd gogledd y Môr Canoldir. Cychwynnodd ryw ddeng mil o flynyddoedd Cyn Crist, gan gyrraedd yr hen fro ryw dair mil o flynyddoedd Cyn Crist.

Pan oeddwn yn ddeuddeg oed bu cynnwrf mawr am fod dau weithiwr ar y ffordd wedi dyfod o hyd i fedd ar Foncyn y Porthmon, ryw filltir o'r Llan, ar yr ochr arall i'r Llan i Berthi Chwarae a Rhosddigre. Y mae chwarel fach yno o gerrig mân, a thynnent y cerrig ohoni i'w rhoi ar y ffordd a âi heibio, ffordd fynydd. Disgynnodd cwymp bach o'r cerrig mân, a gwelent slab o garreg ar wyneb y graig, dair troedfedd wrth dair a chwarter. Rhoddwyd blaen trosol o'r tu ôl iddi a syrthiodd i'r llawr, a gwelent yn gwenu arnynt ysgerbwd dyn, ac yn ei ymyl lestr pridd troedfedd o uchder a ddaliai dri chwart. Yr oedd slabiau tair troedfedd wrth ddwy yn llawr a tho i'r bedd, slabiau tair a chwarter wrth ddwy yn ochrau, a slab yn gefn yr un faint ag un yr wyneb, a tho'r bedd o fewn tair troedfedd a hanner i wyneb y tir. Deuai tyrfaoedd i'w weld, a minnau yn eu plith. Pwy oedd y gŵr hwn a fu'n eistedd yma am filoedd o flynyddoedd ? Un o deulu Perthi Chwarae a Rhosddigre, meddai un ysgolhaig wrthyf, ond ei fod yn dipyn o ŵr mawr, ac yn mynnu ei gladdu ar wahân. Phoenisiad—un o'r dwyreinwyr hynny, rhagflaenoriaid y pedleriaid Iddewig a ddeuai gyda glannau'r môr i werthu eu nwyddau—meddai ysgolhaig arall, am mai fel hyn yr arferai'r Phoenisiaid gladdu eu meirw. Os felly, daeth hwn yn ddiau cyn belled â'r hen fro oddi wrth y glannau, a hoffi'r lle a phenderfynu diweddu ei ddyddiau yno. Nid myfi sydd i benderfynu pwy sy'n iawn.

Gyda'r Blynyddoedd. E. Tegla Davies.

CASTELL DINAS BRÂN

Ail breuddwyd heddiw ydyw'r gwychder gynt,
Tincial y cawgiau aur a'r gleifiau dur ;
Llonder nid erys onid chwerthin gwynt
A thwrf rhialtwch Dyfrdwy dan y mur ;
Malltod a orffwys ar y tyrau hen,
Ar ambell ddeilen nychlyd gochliw'r gwin ;
Ac ni ddaw marchog mwy i geisio gwên
Yr hon a'i gwnaeth yn arswyd yn y drin.
Ofer y chwiliaf heddiw hyd yr allt
Agen a gelodd draserch prydydd mwyn ;
Ffoes bun lygatddu, a gado nos ei gwallt
Yn lledrith cyfrwys ar golfenni'r llwyn ;
Eithr cyfyd lleuad i santeiddio'r hud
A lŷn fel hiraeth wrth y castell mud.

Y Cwm Unig. Dewi Emrys.

CASTELL DINAS BRÂN

Englyn a thelyn a thant—a'r gwleddoedd
Arglwyddawl ddarfuant ;
Lle bu bonedd Gwynedd gant,
Adar nos a deyrnasant.

Taliesin o Eifion.

Y FYNACHLOG

Daw'r Gwanwyn yn ei dro i Ddyffryn Iâl
A mynnu ei eni o wawch y gaea' a'i gri,
Dychan musgrellni'r hen fynachlog chwâl
A gwisgo'i basg yng ngŵydd ei chroglith hi ;
Gwasgar o'i thuser bersawr gwrych a maes
Ac arogldarthu ei gymun ar ei dôl,
Siantio'i laswyrau yn y gelltydd llaes
A geidw'i hadfail bellach yn eu côl ;
Rhodio ddiwedydd lle bu rhodfa'i mynach
A phyncio'i bylgain lle nad oes bylgain mwyach.

Daw yntau ancr y gwynt i Lyn y Groes
I gwyno'i gwmplyn a chyfryngu ei fai,
Dyhuddo'r lludw a chwyddo'r fflam a roes
Firagl y pader yn y fynwes glai ;
Sisial ei Ave Maria ar briddlawr glas
A deffro'r gorgan a fu distaw c'yd,
Cywain ysblander doe i foelni'r clas
Ac annos gair dros hen wefusau mud ;
Megino'i organ lle mae'r gerdd yn huno,
Am fod ei Grist yn llofft y grog yn gwrando.

Daw Hydref hefyd yn ei gasul felyn
I chwilio'i lwybrau rhwng y rhedyn mân,
Ffioli ei win o rug y Fron a'r Berwyn
A chasglu ei aur o eithin Dinas Brân ;
Dandwn ei borffor lle bu eisoes fawredd
Yn eiriol hedd y clas ar ddiwedd oes,
A chael fel hwythau oed â'i hen unigedd
Cyn prynu bedd yng nghangell Glyn y Groes ;
Yno mae creiriau doe o hyd yn annog
Weiniad yr hydre' i glawstrau'r hen fynachlog.

Cerddi. G. J. Roberts.

DYFFRYN MAELOR A RHOSLLANNERCHRUGOG

Ar rai cyfrifon, anodd deall pa sut y bu i'n hynafiaid alw'r broydd yn ' ddyffryn ', canys gwlad eang, agored ydyw, nid cwm cul, a champ i unrhyw ddaearyddwr ddiffinio terfynau'r dyffryn yn sicr. Mae dyffryn hudol Llangollen yn fforchio o Ddyffryn Maelor (y tu cefn i hwnnw, drachefn, mae Dyffryn Ceiriog), ac yn rhoi ei afon, Dyfrdwy, i fod yn asgwrn cefn i Faelor, ond ymgyll tiroedd Maelor beunydd a byth, yn enwedig i'r dwyrain a'r de, mewn broydd lletach, erwau llydain Sir Amwythig, tir cnydfawr Maelor Saesneg (Sir Fflint), a gwastatir ffrwythlon Sir Gaer. Dichon mai codi golygon tua gorwel y machlud a wnaeth yr hen bobl, ac yno yn sicr yr oedd caerau'r gorllewin o Langollen i Ruthun, ar y dde bryniau Cyrn-y-brain sy'n cydio ymron ym mynyddoedd Dyffryn Clwyd, ac ar y chwith mynyddoedd Berwyn. Yn yr ystyr hon, sef ei fod yn 'edrych i'r mynyddoedd' (neu, yn hytrach, i'r bryniau), y mae Maelor yn ' ddyffryn '. Os dowch i'r Eisteddfod o'r De, o gyfeiriad Amwythig, a'r tu yma i'r Waun (*Chirk*) weld yr haul yn sgleinio ar greigiau calch yr Eglwyseg, gwybyddwch fod y fro yn ymyl. Os dowch o gyfeiriad Rhuthun, trwy Landegla a thros Maes Maelor, fe welwch wlad eang, oleulan odanoch fel cwrlid, cyfandir o wlad. Pe deuech o gyfeiriad Owrtyn a Bangor Is-coed, tros Ddyfrdwy a thrwy diroedd na welsoch nemor dro eu brasach, toc byddai'r bryniau yn cwhwfan, a chwithau'n gorfod teithio ymlaen, ymlaen at eu traed. Gorau oll, os bydd rhai o'r hogiau, criw yr ysgrepan a'r trowsus cwta yn cyrraedd yr Eisteddfod ar droed dros Gyrn-y-brain. Dyna'r ffordd orau i weld bro Maelor ! Sôn am ehangder ! O'r pincyn hwnnw, mae holl Faelor a'r gororau ar daen, bro Maelor o'i chwr, Maelor a'r Tir Mers, Maelor a Lloegr yn ymgofleidio . . .

Wrecsam yw prifddinas Dyffryn Maelor yn bendifaddau. Yr oedd hi ar gael, pan nad oedd sôn am Faelor ddiwydiannol, ac ar un adeg, hi oedd un o drefi mwyaf poblog

Cymru. Prifiodd a moderneiddiodd gyda'r amserau—mae'n fwy o dref nag unman arall yng Ngogledd Cymru—ond erys o hyd o'i chwmpas swyn hynafiaeth. Hyhi yw craidd gwlad Faelor—hi yw'r fam yn casglu o'i chwmpas holl lanerchau eraill y fro, ' megis y casgl iar ei chywion o dan ei hadenydd.' I bawb ohonom hi yw'r DREF, ac i bant tref Wrecsam y rhed llu o ffrydlifoedd ein bywyd masnachol a'n bywyd arall, o ran hynny. Mae iddi un adeilad sy'n em mewn adeiladaeth, tŵr yr Eglwys ; mae yno ers pedwar cant o flynyddoedd ac ni heneiddiodd ei harddwch, un o Saith Ryfeddod Cymru. Mae'r eglwys ei hunan yn wych ei phensaernïaeth, a daw gwefr i ni o gofio i Walter Cradoc a Morgan Llwyd (efallai ?), a Llawdden bregethu ynddi. Crefft a thlysni, a hynafiaeth, maent oll yno yn yr hen eglwys, a thŵr a phinaclau Wrecsam yn hofran drosom i'n llareiddio wrth i ni farchnata, ymgomio, a smera yn yr ystrydoedd isod. Wrecsam, cofiwch, yw un o gadarnfeydd Ymneilltuaeth Fore Cymru, ac ym mynwent Rhos-ddu y mae bedd Morgan Llwyd a llu o enwogion ymneilltuol eraill . . .

Yn Rhosllannerchrugog y cynhelir Eisteddfod 1961. Ardal ddiwydiannol yn gorwedd yn llaprwth ar esgeiriau mynydd-dir Cyrn-y-brain yw'r Rhos. Llannerch-RUGOG ydoedd unwaith, ond diflannodd y grug ers llawer dydd, canys cynnyrch y Chwyldro Diwydiannol yw'r pentref. Ddeugain mlynedd a llai yn ôl, pentwr annosbarthus, blith-draphlith o dai a bythynnod dilun, a rhwydwaith blêr o strydoedd culion, heglog, ydoedd. Yn bensaernïol yn y pair yr ydym, bellach, ers blynyddoedd, yn estyn ein cortynnau i faesdrefi modern, prim, unffurf. Bu haearn smwddio trwm Cynllunio Gwlad a Thref tros ein strydoedd a'n tai, a pharhau mae goruchwyliaeth y smwddio. Pob croeso i honno, dim ond iddi arbed ein pobl a'n traddodiadau, ac i'n Cymreictod a'n crefydd oroesi'r smwddio. Anaml, os erioed, y bu Eisteddfod Genedlaethol Cymru mewn bro mor werinol-gyffredin, heb ynddi yn adeiladol na phryd na thegwch. Eithr, onid oes i ni grandrwydd adeiladaeth, credwn yn siwr fod i'n pobl gymeriad a neilltuolion. Yn wir, dywedwyd cyn hyn nad LLE yw'r Rhos, ond POBOL. Bid a fo am hynny, tylwyth heidiol ydym, clebrus, uchel-ein-cloch, llawn arabedd, brogarwyr heb eu tebyg yn gwbl argyhoeddedig mai'r Rhos yw cannwyll llygad y Creawdr. Down o hyd i'n gilydd ymhob man, glynnwn wrth ein gilydd, ymffurfio'n gylchoedd a grwpiau bach munudiog ysgafnfryd, a phawb am yr uchaf ei lais a'i chwerthin yn cael hwyl ! . .

Ond traddodiad cerdd, traddodiad canu corawl a chynulleidfaol yn arbennig yw ein traddodiad mawr ; nid llenyddiaeth na barddoniaeth a fu ein hymhoffedd. Un englynwr o fri a gawsom, sef Morris Kyffin (Eilir Aled) a dyn dwad oedd ef. Yn ein dyddiau ni, bu Ioan Maelor a Rhosydd yn fawr eu sêl tros brydyddiaeth, ond I. D. Hooson yw ein bardd mawr, a enillodd ei le ei hun, lle cwbl arbennig, yn hanes llenyddiaeth Cymru. Ond am gerddorion, a chantorion, a chorau ! Cawsom y rheini yn llythrennol wrth yr ugeiniau a'r cannoedd. Enillodd rhai ohonynt fri cenedlaethol—William Davies (St. Paul's) am gyfansoddi unawdau soniarus, melodaidd, sy'n ennill calon pob Cymro, unawdau fel 'Nant y Mynydd' ac 'O na byddai'n haf o hyd' sy'n ddiogel tros byth yn nhraddodiad canu lleisiol Cymru ; Richard Mills, arweinydd corau, cyfansoddwr, 'dyn-dwad' (un o Fills-iaid enwog Llanidloes), a ddaeth â'r Rhos i afael â'r gerddoriaeth glasurol ; a Dr. Caradog Roberts, un o blant y Rhos bob modfedd ohono, organydd, arweinydd cymanfaoedd, cyfansoddwr rhai o emyn-donau perffeithiaf ein caniadaeth. Dyna nhw, y cewri, ac yn eu sgil mae mintai rhy niferus o lawer i ni eu henwi . . .

J. T. Jones.

Rhestr Testunau Eisteddfod Genedlaethol Dyffryn Maelor, 1961.

YR HEN LOFA

Ger muriau Parc Syr Watcyn,
  Ar fin y briffordd lefn
Sy'n arwain tua'r Berwyn
  Drwy'r *Green* a phentre'r Cefn,
Bu dynion wrthi'n brysur
  Yn cloddio'r pyllau glo,
A'r mwg a'r llwch yn cuddio
  Glesni a thegwch bro.

Chwyrnellai yr olwynion,
  A chlywid rhonc a rhoch
Gwagenni a pheiriannau,
  A gwich hwteri croch ;
Ac ar y llain adwythig,
  Yn garnedd hagar, ddu,
Ymwthiai'r domen rwbel
  Ei phen i'r nef yn hy.

Ond llonydd yw pob olwyn
  A pheiriant erbyn hyn,
A than y rhwd a'r mwswg
  Maent heddiw'n cysgu'n dynn.
Ni chlywir rhu na hisian
  Na gwich un hwter groch,
Ac yn hen Barc Syr Watcyn
  Y pawr yr elain coch.

Fe ddaeth rhyw arddwr heibio
  I wisgo'r domen brudd
A rhoncwellt tal, a rhedyn,
  A blodau pinc eu grudd.
A heddiw clywais fronfraith
  O ardd y pyllau glo,
Yn moli'r Garddwr hwnnw
  Am adfer tegwch bro.

Y Gwin a Cherddi Eraill. I. D. Hooson.

AR FORFA RHUDDLAN

Wyf heno fy hunan ar fin Morfa Rhuddlan,
  Tra huan yn euro y marian a'r môr ;
Y mynydd sydd hardded, a'i gyrrau agored
  A melfed ei arffed yn borffor.

Fy hunan 'r wyf heno, fin hwyr yn myfyrio,
  A cheisio atgofio y brwydro a'r brad ;
Rhyw gadfan ddi-eisior, o fynydd i faenor,
  Fu'r arfor, a goror ddigariad.

Lle bu nos ar fynydd, a gwyll ar y glennydd
  A'r wlad dan y treisydd du beunydd yn byw ;
Ar feddau gwerinos, 'r ôl oerni yr hirnos,
  Blodionos y rhuddos geir heddiw.

Hwy ddewrion y trefydd, ac arwyr y ceyrydd,
  A chewri y mynydd, mor llonydd eu lle !
A'r gweiniaid fu'n griddfan dan lif y gyflafan,
  Cânt weithian ar Ruddlan orweddle.

Lle galwai rhyw wron anwylyd ei galon,
  Wrth farw, yn oriau anhirion y nos ;
Daw llanc yn ei draserch i gwrddyd â gwenferch,
  I'w hannerch, ger llannerch gâr llinos.

Blagura gwyllt flodau ar fil o feddrodau,
  'R ôl echrys aeafau yr oesau ; o hyd
Daw'r hafau diryfel o gyrrau y gorwel
  A mêl ymhob awel, a bywyd.

Odlau Môr a Mynydd. Sarnicol.

TUAG ADREF

Plentyn o Sir Fflint ydw' i : plant o Sir y Fflint oedd fy rhieni, a dyma fi heddiw, *yn* Sir y Fflint, i siarad yn gyhoeddus—am y tro cyntaf—am Sir y Fflint a Chymru. ' Paid byth ', medde Mam wrthyf un tro, ' Paid byth â sôn amdanat dy hun o flaen pobol ddiarth.' Ond heddiw mae'n rhaid imi. Mi allwn siarad am Lundain, am Efrog Newydd, am Hollywood—Coed-y-Celyn—heb sôn gair amdanaf fi fy hun ; ond mae Sir y Fflint a Chymru yn rhan ohonof, felly heddiw mae'n rhaid imi sôn amdanaf fy hun . .

Nid dyma'r tro cynta', chwaith, imi ddod i'r Rhyl, 'Rwy'n cofio'r tro cynta'n dda ; bore o haf, a minnau yn bump oed, yng Nglanrafon, Llanasa, a Mam yn torri bara-menyn ar gyfer picnic ; rywfodd neu'i gilydd, mae fy atgofion am Mam bron i gyd ohoni'n torri bara-menyn. Neidiwn i fyny ac i lawr a gweiddi : ' 'Rwy'n mynd i'r môr ! Am y tro cyntaf yn fy mywyd, 'rwy'n mynd i'r *Rhyl* !'

Ond er mai'r tro cynta' ydoedd, 'roeddwn eisoes—a minnau'n bump oed—â darlun clir iawn yn fy meddwl o'r Rhyl hwn. Pan oeddwn yn sefyll, unwaith, ar Dop-y-Rhiw uwchben Ffynnongroew, gyda 'nhad, a llwyth o gwrw yn y trap—'nhad oedd yn cadw'r dafarn yng Nglanrafon—pwyntiais at wastadedd Caer, *Cheshire*, a gofynnais iddo beth oedd y lle a'r holl dywod yna, dros y dŵr ? Atebodd yntau mai gwlad hollol wahanol i'n gwlad ni oedd hi, y trigolion ddim yn siarad Cymraeg, a'r tafarnau yn agored ar y Sul. Yna mi gofiais imi glywed unwaith, fod 'na ryw gymaint o dywod yn anialwch Sahara ; a gofynnais i 'nhad, ' Affrica ydi'r lle 'na ?' Chwarddodd yntau, a dywedodd mai dyna oedd o, ac y gallech weld—ar ddiwrnod clir—eleffantiaid yn cerdded i mewn ac allan o Parkgate. Ac am flwyddyn gyfan, credais mai dyna oedd y gwir ; ac wrth holi cwestiynau ynghylch y Rhyl, Sir y Fflint, a chlywed bod llawer o ymwelwyr yn dod yno o du draw i'r dŵr, yr oedd y Rhyl i mi—cyn imi ddod yma— yn dref o ddynion duon ar eu gwyliau, yn crwydro ar hyd y *Promenade* yn arwain eu camelod ! . .

Chwiliais yn ofer am gamelod Seisnig 'on their holidays'; ond fe welais y creaduriaid rhyfedd o du draw i'r dŵr, yn tynnu eu 'sanau a mynd am dro yn y môr, ac yn siarad—wrth gerdded—iaith ddigon diarth i blesio unrhyw blentyn bach Cymraeg. Gwnes innau'r un peth â nhw, a cherdded yn y môr ; ac ar ôl ein picnic, daeth i fwrw glaw. Ie, glaw yn y Rhyl, cofiwch !—'rodd hyn flynyddoedd yn ôl—fel mae pawb yn gwybod, 'dyw hynny byth yn digwydd 'rwan.

Yna, dreifiodd fy nhad ni i Ffynnongroew, lle 'roedd pabell fawr wedi'i chodi, a rhywbeth i'w gynnal ynddi a elwid yn ' livin' pictiars.' A gwelais fy ffilm gyntaf—chwe ffilm fer, a bod yn fanwl. Gwelais ddamwain ar y rheilffordd, corff yn cael ei daflu o ben to, Delilah yn torri gwallt Samson, a *King George the Fifth* yn ysgwyd llaw â rhyw fath o lys-gennad o Chinaman ; feddyliais i ddim, am funud, mai Saesneg oedd y brenin yn 'i siarad ar y ffilm—cymerais yn ganiataol ei fod yn dweud ' Sut yr ydach i ? ' mewn Cymraeg da, a bod y boneddwr o China yn ateb, mewn Cymraeg lawn cystal, ' Dipyn o annwyd, a sut mae'r teulu ?'—a bod Delilah, wrth blygu uwchben Samson, yn dweud wrtho, yn Gymraeg, ' Yngháriad-i, rho imi ddarn bach o'th wallt !'

Canys oni chlywais am danynt, ac am holl bobol eraill y Beibl, bob Sul o'm bywyd, yng Nghapel y Groes, Llanasa ? ' Fy Nhad, maddau iddynt, canys ni wyddant pa beth y maent yn ei wneuthur '—sut fedrai hyn gael ei ddweud, ddwy fil o flynyddoedd yn ôl, ond yn y geiriau syml a rhyfeddol yna, o wefusau ein gweinidog, o'i bwlpud bach ? Lawer, lawer tro, wrth glywed hanes Crist yn y capel hwnnw syllwn allan drwy'r ffenestr at y llethrau gwyrddion ; ac i mi, heb amheuaeth, 'nhw oedd bryniau Palesteina. Galilea oedd Llannerch-y-Môr, ger Mostyn ; Nasareth—pentre cysglyd Whitford ; y bugeiliaid yn gwylio eu praidd—

bechgyn-fferm o Rhewl Fawr. A phan ymwelais, o'r diwedd, â Phalesteina, cefais fod y wlad ei hun yn debyg ryfeddol i Balesteina fy mhlentyndod, yn Sir y Fflint. Wrth i mi gerdded i Fethlem, disgynnodd y nos ; a chlywais o'r pellter, drwy'r awyr santaidd, ganu lleddf yr Arabiaid. Caeais fy llygaid ; plentyn oeddwn yng Nglanrafon, yn eistedd i fyny y nos-cyn-Nadolig, ac yn clywed y coliars o'r *Point of Ayr*, yng ngolau'r lloer, yn canu mewn ffordd na chanodd unrhyw gôr i mi fyth er hynny, hyd yn oed mewn Eisteddfod.

Llafar. Emlyn Williams.

SIR FEIRIONNYDD

GYRRU'R GWCW DROS FEIRIONNYDD

Pan ddeui nesa' dros y don
  I Feirion lon eleni,
Bydd imi'n gennad, gwcw lwyd,
  Ar bob rhyw glwyd lle ceni.

Di wyddost am Feirionnydd lân
  Lle bu dy gân ddigynnwr ;
Gwn innau, er it ddod o bell,
  Nad oes mo'th well negeswr.

Tyrd yma gyda gwynt y De
  Dros wlad a thre o Benfro,
Ac yn Ardudwy rho dy bwys,—
  Croeso it orffwys yno.

Ac wedi bwrw dy flinder oll
  A thiwnio dy holl dannau,
Eleni cân dy orau glas
  A bydd yn was i minnau.

Siôn Philip : dyro fawl i Siôn
  Nes clywo Môn di'n amlwg ;
Fe ganodd Siôn am hud a hedd
  Cyn gorwedd yn Llandanwg.

Dros Lanfair draw a Harlech, dos,
  Ac aros uwch Lasynys ;
Cei fedw eto ar y bryn
  Ond Elis Wyn nid erys.

Ehed oddiyno drwy y Drws
  I foelydd tlws Trawsfynydd ;
Os cei di yno firi'n fwrn,
  Cofia'r Ysgwrn a'i brydydd.

I Erddi Bluog Edmwnd Prys,
  Heb frys na berw trystiog,
Cei foli cerddi'r Salmau Cân
  Ar ddelw glân Maentwrog.

Rho dro i Gynfal Morgan Llwyd
  Ac wedyn cwyd oddiyma,
Ehed drwy haul ac awyr las
  I Gynlas ger y Bala.

At Fichel Jones yn llawen, dos,
  A Tomos Charles y Bala,
Athrawon hen a duwiol iawn,—
  Eu dysg a'u dawn clodfora.

At Rowland Fychan i Gaer Gai,
  Rho ganig ddifai yno ;
A chofia Berson Gwerfyl Goch,
  O, cân dy gloch nes clywo.

O fin y llyn i Goed-y-Pry,—
  Mae calon Cymru yno—
Cyn dilyn glannau Wnion glir,
  Aros yn hir fan honno.

I Ieuan Gwynedd rho dy gân
  Ac i Ap Fychan yntau,
Cyn dod i olwg Mawddach gref
  A phasio tref Dolgellau.

Ac yng Nghelynnin gwna dy lys
  Melys dy ddeunod yno ;
Cân i Siôn Morgan, lenor mawr,
  Fe ddaeth yr awr i'w gofio.

Pan ddeui nesa'n llon ac iach
  I Feirion fach a'i llwyni,
Cluda fy neges yn dy gôl
  Cyn troi yn ôl eleni.

Daear a Nef. Abel Ffowcs Williams.

MEIRIONNYDD

Bywiol Eden y blodau,—bro y mêl—
Bro mill a phwysïau,—
Bro llawn cnwd,—bro llwyni cnau,
A bro annwyl y bryniau.

Ioan Machreth.

MOLAWD ARDUDWY

Bu Branwen yn curio am weled dy dyno,
Ac yma bu adar Rhiannon yn gôr ;
Ar greigle dy goedfron bu Owain ddewrgalon
Yn gwarchod dy ryddid rhwng mynydd a môr.

Cwm Cynfal a'i fynydd a fagodd gyfrinydd
A roes ei athrylith fel gem yn y gair ;
Rhoes Bardd y Lasynys diarbed a dawnus
Ffaeleddau dynoliaeth ym merw ei bair.

Fe heriwyd pob bonedd gan rym Maesygarnedd,
Rhag teyrn na thaeogion ni phlygodd efô ;
A thra hedo gwylan uwch tir Hendre Fechan
Nid byth yr â'n ango Landanwg a'i gro.

Yn hael bu'r Fychaniaid yn noddi d'artistiaid,
Gan barchu hen urddas llenyddiaeth a chân ;
Rhoist inni emynau, dawn Duw yn ei Salmau,
Yn dafod i foliant drwy Gymru achlân.

Wrth grwydro dy fryniau a'th hyfryd geulannau
Ac edrych ar feiston ewynfriw dy draeth,
Ni ganwn dy glodydd, fro gain y diwedydd—
Bydd arial i'n calon, ni feibion dy faeth !

Awen Meirion. H. J. Hughes.

BRO ELIS WYN

Pan fûm i drwyddi, tybiwn mai priodol iawn fyddai galw bro Elis Wyn yn Wlad Cwsg. Tybiwn fod rhywbeth yn ddieithr yn ei goleuni, a bod su esmwyth yn tonni trwy ei hawyr o hyd. Prin y teimlwn y gwahaniaeth rhwng bod yn effro ac ynghwsg ynddi. Yr oeddwn fel pe'n breuddwydio wrth gerdded drwyddi; a phan ddôi cwsg, nid oedd breuddwyd yn newid dim ar y wlad. Y mae delw'r wlad ar y gweledigaethau sydd wedi synnu ac wedi dychrynu cymaint. Ni allasai'r bardd ddychmygu fel y gwnaeth am y byd ac angau ac uffern, ond mewn gwlad fel hon.

Un peth tarawiadol ynddi ydyw ei distawrwydd. Nid yn unig y mae'n ddistawach na gwlad boblog, lawn o bentrefydd; y mae'n ddistawach na mynydd-dir eang unig y Berwyn neu Bumlumon. Ni fûm mewn lle distawach erioed. Y mae'r don i'w gweled yn symud draw ymhell yn ewyn i fyny'r traeth, ond mewn distawrwydd perffaith. Y mae'r wylan yn ehedeg uwchben; ond, o ran pob sŵn, gallai fod yn ddarlun o wylan ar ddarlun o awyr. Ac y mae'r mynyddoedd mawr yn gorwedd yn berffaith ddistaw yng ngwres y canol-ddydd haf; tybiwn fod y defaid a'r aberoedd yn cysgu arnynt.

Peth tarawiadol arall yng ngwlad Bardd Cwsg ydyw cyfoeth ei lliwiau, ac amrywiaeth ei chymylau a'i llenni teneuol o niwl. Pan fo'r haul yn tywynnu, y mae melyn a gwyn y traeth y tu hwnt i ddisgrifiad; pan fachludo'r haul, cyll y môr ei ddisgleirdeb ar unwaith, ac y mae golwg ddu, frawychus ar y llu mynyddoedd mawr sydd o gwmpas Gwlad Cwsg. Ac ni all neb ddarllen y tair gweledigaeth heb adnabod niwl a tharth Harlech, ac heb weled mor hoff yw Elis Wyn o gyferbynnu goleuni disglair â thywyllwch dudew.

Cartrefi Cymru. O. M. Edwards.

MORGAN LLWYD AC ARDUDWY

Darn cymharol fychan o Sir Feirionnydd ydyw Ardudwy, ond gall hawlio ei fod wedi rhoddi tri o'r cewri i lenyddiaeth Gymraeg, heb sôn am amryw eraill a oedd heb fod yn y rheng flaenaf oll. Ond yr oedd Edmwnd Prys, Morgan Llwyd ac Elis Wyn yn y rheng honno, a daeth y tri o fewn rhyw ganrif a hanner i'w gilydd. Ganed Edmwnd Prys, offeiriad, ysgolhaig a bardd, oddeutu 1541 (nid yw'r dyddiad yn hollol sicr) ; ganed Morgan Llwyd, gweinidog, cyfrinydd, a meistr ar ryddiaith Gymraeg, yn 1619, bedair blynedd cyn marw Prys ; ganed Elis Wyn, offeiriad a meistr, yntau, ar ysgrifennu Cymraeg, yn 1671, ymhen deuddeng mlynedd ar ôl marw Morgan Llwyd. Bu Elis Wyn farw yn 1734. Y mae llwch Morgan Llwyd ym mynwent Rhos-ddu, Wrecsam, ond gorwedd y ddau arall yn naear Ardudwy, Edmwnd Prys ym Maentwrog, ac Elis Wyn yn Llanfair ger Harlech. Etifeddodd y tri hen draddodiad diwylliant Ardudwy, y diwylliant Cymreig a barhaodd ymhlith uchelwyr y wlad honno am amser maith. Hyd yn oed ymhell yn y ddeunawfed ganrif cyhoeddai William Fychan o Gorsygedol, aelod Seneddol dros y Sir, ei anerchiad at yr etholwyr yn Gymraeg, ac yn Gymraeg y rhan amlaf, yr ysgrifennai Richard Morris—un o Forysiaid Môn,—o Lundain at William Vaughan, Nannau. Y Cymreigrwydd hwn a'r cysylltiad di-fwlch â'r diwylliant Cymreig a gyfrif am gyfraniad Ardudwy i lenyddiaeth Gymraeg. Pan goller y pethau hyn y mae popeth yn darfod. Am ryw reswm, traddodiad braidd yn gymysg a oedd yn yr ardal am Edmwnd Prys ym mhen yn agos i dri chan mlynedd ar ôl ei farw. Clywais bobl yn sôn amdano fel gŵr blin ei dymer a thrahaus, yn union fel pe byddent yn ei gofio! Yr oedd traddodiad fod Elis Wyn yn rhwyfo yn ei gwch o'r Lasynys i eglwys Llanfihangel y Traethau. Tybed fod y môr yn dyfod dros Forfa Harlech mor ddiweddar â hynny ? Hyd y gwn, nid oedd draddodiad o gwbl am Forgan Llwyd yn Ardudwy yn fy amser i; clywais storïau lawer am Edmwnd Prys ac Elis Wyn pan oeddwn yn blentyn, ond dim gair am awdur *Llyfr y Tri Aderyn*, a hynny, y mae'n debyg, am ei fod wedi treulio y rhan fwyaf o'i oes fer ymhell o'r ardal. Ond Morgan Llwyd a ddywedodd am Feirion:

Nid hawddgar ond a'th garo,
Fy annwyl breswyl a'm bro.

Coffa Morgan Llwyd. E. Morgan Humphreys.

WRTH FEDD SIÔN PHYLIP

(A foddodd yn 1620, ac a gladdwyd yn Llandanwg)

Yr Ymwelydd:

'Sut fu na fynnaist, O Fôr! roi i fardd
Oer fedd yn dy ddyfnfor?
Ar dy lan rhoed i lenor
Fedd clai lle canai y côr.'

Y Môr:

'Gwae Landanwg lawn doniau! I'w chyntedd
Cewch wyntoedd a thonnau,
Nid sŵn côr, tywod sy'n cau;
Cyn hir boddir ei beddau.'

Geraint Bowen.

CYWYDD I'R WYLAN A DŴR Y BERMO

. . . Hed i'r lan, hydr oleuni,
A dywed lle'm dalied i,
Wrth aber, nid tyner ton,
Bermo arwdwyth, byrm oerdon,—
Man trist ymhob munud draw,
Môr, duoer y mordwyaw !
Codais, trafaeliais tra fu
Blygain at wyneb Liwgu.
Dyddhau a wnaeth ar draeth drain,
Dydd oer o'r deau ddwyrain.
Nithio gro a wnaeth hagr wynt,
Noethi cerryg nyth corwynt.
Troi'r arwydd waeth trwy'r wawr ddydd,
Twrch Trwyth yn trochi traethydd.
Lliw inc fu gylch llyncfa gwynt,
Lle anadl gorllewinwynt.
Garw yw'r traeth mewn goror trin,
Os garw llawes gorllewin.
Gloesio o'r môr, glasu'r main,
Gloesio'r dŵr glas o'r dwyrain.
Gloes fawr o gloer glasfor gwlad,
Gloes lewyg y glas leuad ;
Gloes o'r llyn, gloesio ar lled,
Gloes sarff yn gla o syrffed ;
Gloes drom yn lle gwelais drai,
Glafoerion glaw a fwriai,
Gwely duoer glaw dwyallt,
Gweilgi môr heli mawr hallt ;
Sug ffwrnbwll, soeg uffernboer,
Safn sugn ddafn, sugnedd oer . . .

Sion Phylip.

SALEM

Rhai wythnosau yn ôl, bu ysgrifau diddorol yn *Yr Herald Cymraeg* ynghylch y darlun a elwir *Salem*, a gofynnodd rhywun i mi a wyddwn i rywbeth amdano. Y mae'r rhan fwyaf ohonom wedi gweled y darlun hwnnw rywdro neu'i gilydd—y capel gwledig, syml, â'i ffenestr yn y cefndir yn agor ar y wlad ; yr hen wraig, yn ei het uchel a'i siôl Baisley, yn cerdded i'w sêt ; gŵr canol oed, barfog, yn pwyso'i dalcen ar ei ddwylo, ac un arall yn yr un ystum wrth y wal bellaf ; bachgen bychan yn plygu ei ben mewn sêt arall, ac ychydig o gymdogion eraill yma a thraw yn y seti hen ffasiwn. Fel y mae'n digwydd, gwn am y capel, ac am rai o'r bobl yn y llun, llun a beintiwyd tua deugain mlynedd yn ôl gan arlunydd o'r enw Curnow Vosper. Capel y Bedyddwyr yng Nghefncymerau, yr ochr uchaf i Lanbedr a'r Gwynfryn, yn Ardudwy, ydyw Salem, a phobl y bryniau ydyw'r bobl yn y llun.

Siân Owen o Dŷ'n y Fawnog ac o'r Ffordd Groes, Llanfair ger Harlech, ar ôl hynny, ydyw'r hen wraig yn y siôl Baisley. Owen Siôn, Carleg Coch, ydyw'r hen ŵr â'i law ar ei glust, a Laura Williams, Tŷ'n y Buarth, yn eistedd yn ei ymyl. Evan Edward Lloyd, Tŷ'n yr Aelgerth, yw'r bachgen, a William Siôn, Carleg Coch, yw'r gŵr â'r farf, gyda Mrs. Mary Rowlands, Dolgellau, wedi hynny, yn eistedd gerllaw. Robert Williams, Cae'r Meddyg, yw'r gŵr sydd yn eistedd dan y cloc. Yr wyf yn ei gofio ef yn dda. Ffarmwr a saer coed oedd Robert Williams, yn byw mewn tyddyn yng ngolwg y Moelfre a'r Rhinog ar un ochr, ac yng ngolwg y môr a holl ogoniant mynyddoedd Sir Gaernarfon, o'r Wyddfa hyd at Enlli, ar yr ochr arall. Oddi wrth y llidiart sydd yn troi at Gae'r Meddyg gellir gweled ar hyd Dyffryn Artro, dyffryn hir, coediog, a'r caeau bychain caregog, a'r llethrau yn borffor gan rug yn ei adeg, yn codi o boptu iddo, a chreigiau Cwm Bychan yn cau'r olygfa yn y pellter. Y mae braich o fryn yn cuddio Cwm Nancol a'i afon droellog a'i ddolydd gleision. Ni wn i am yr un olygfa harddach ar hwyrddydd haf—goleuni haul machlud yn llifo dros goed a llechwedd, dros gaeau a chreigiau, mwg perliog, araf, ambell dŷ ffarm a bwthyn anweledig yn codi o'r dyffryn fel niwl ysgafn, a rhyw dawelwch lledrithiol, mwyn, a distawrwydd tyner dros y cwbl.

Ac am Gae'r Meddyg a'r olygfa honno, ac am bobl y tyddynnod caregog a'r llechweddau heulog, y byddaf yn cofio bob tro y gwelaf lun *Salem*. Mi wn i rywbeth am eu bywyd—fel yr oedd o, beth bynnag—am eu caredigrwydd, am eu croeso, am eu llafur bob dydd ac am eu ffyddlondeb ar y Sul. Coffa da am lawer pryd o fwyd yng ngheginau clyd a siriol Cae'r Meddyg, Glyn Artro, yr Allt Goch, a Phenbryn yn y dyddiau gynt—gryn lawer o flynyddoedd yn ôl bellach—y dodrefn a'r llestri yn disgleirio, aroglau tân coed a bara yn y popty yn fwyn yn y ffroenau, y sgwrs am fywyd yr ardal, a'r awyrgylch yn gymdogol ac yn garedig. Nid heb fwriad y defnyddiais y gair *cymdogion* wrth sôn ar y cychwyn am y bobl yng nghapel Cefncymerau, canys dyna'r peth mawr yn y bywyd hwnnw—pobl o'r un cefndir, o'r un iaith, o'r un diddordebau, yn byw mewn cymdeithas â'i gilydd, a hynny, yn y pen draw, yn troi yn rhywbeth amhrisiadwy ym mywyd cenedl. Edrychwch ar wyneb Siân Owen yn y llun ; y mae yno dristwch a thawelwch, cryfder a mwynder, ac yr oedd y pethau hynny yn nodweddu llawer o bobl y bryniau. Digon caled oedd eu bywyd yn aml, ac nid oeddynt hwythau mwy na ninnau yn berffaith, ond yr oeddynt yn rhan o gymdeithas ac o draddodiad, ac yr oedd hynny'n magu rhuddin yn eu cymeriadau. Ac er caleted eu llafur yr oedd ambell un yn cael cip oddi ar y llechweddau a rhwng muriau'r hen gapel ar dyrau Caersalem yng nghymylau'r machlud, ac yn gweled y môr o wydr yn disgleirio rhyngddynt â'r gorwel draw.

Lleufer. E. Morgan Humphreys.

ATGO

Dim ond lleuad borffor
   Ar fin y mynydd llwm ;
A sŵn hen afon Prysor
   Yn canu yn y cwm.

Y MOELWYN

Oer ei drum, garw'i dremynt—yw erioed,
   A'i rug iddo'n emrynt ;
Iach oror praidd a cherrynt
A'i greigiau'n organau'r gwynt.

HAUL AR FYNYDD

Cerddais fin pêr aberoedd—yn nhwrf swil
   Nerfus wynt y ffriddoedd ;
A braich wen yr heulwen oedd
Am hen wddw'r mynyddoedd.

Cerddi'r Bugail. Hedd Wyn

GERDDI BLUOG

Arafaf ! Hud canrifoedd—sy'n y lle,
   A sŵn llif aberoedd ;
I Brys, ar lwybr yr oesoedd,
Colofn yw, cêl hafan oedd.

Beirniadaethau a Chyfansoddiadau, 1935 R. H. Gruffydd

Hir yw'r ffordd a maith yw'r mynydd
O Gwm Mawddwy i Drawsfynydd ;
Ond lle bo 'wyllys mab i fyned,
Fe wêl y rhiw yn oriwaered.

Hen Bennill.

Y CNICHT

Mae hudol byramidiau
   Yn codi ris ar ris
Dan awyr las y dwyrain
   Yng nghartref Rameses.

Ond tecach na'r rhai hynny
   Yw'r un sy'n codi fry
O foelni hardd Cwm Croesor
   Dan lach y gwyntoedd cry ',

Y gaeafwyntoedd gerwin
   Ar eu porthiannus feirch,
Y daran yw eu hutgorn,
   A'r cesair yw eu ceirch.

Adar Rhiannon a Cherddi Eraill. William Jones.

Y PRAW

Pan ddeuthum i Dremadog
   Petruswn ambell awr
P'run, tybed, oedd y Moelwyn Bach,
   A ph'run y Moelwyn Mawr.

Ond fe ddaeth cawod eira
   Yn sydyn ryw brynhawn,
A gwyddai'r eira cynnar p'run
   Oedd p'run o'r ddau yn iawn.

Adar Rhiannon a Cherddi Eraill. William Jones.

YMWELIAD THOMAS BARTLEY Â'R BALA

'Beth ydych yn feddwl o'r Bala, Thomas?' gofynnais.

'Dydw i wedi gweld fawr ohoni eto,' ebe Thomas, 'ond yn ôl hynny weles i, mae hi'n edrach yn debyg iawn, yn ôl y meddwl i, i dre wedi'i bildio ar ganol cae. Sut ar affeth hon y ddaear na thoren nhw'r coed ene? ydi'r brain ddim yn drwblus weithie, dywed? Weles i rioed o'r blaen res o goed mawr, fel coed y Plas, ar ganol stryt. Ond ddyliwn nad oes gynoch chi run *Local Board* yma?'

'Mae pobl y Bala yn meddwl llawer iawn o'r coed, Thomas Bartley, ac yn rhoi pris mawr arnynt,' ebe Williams.

'Erbyn meddwl, wir, Mr. Williams,' ebe Thomas, 'synnwn i ddim nad ydyn nhw yn ddigon handi ar ddiwrnod ffair i rwymo catel, ond mi ddaru nhw yn nharo i yn od pan weles i nhw. Ond dyma ti, Rhys, wyt ti am fy nghymyd i dipyn o gwmpas i weld y dre? 'Does gen i fawr o amser, a mi fydd acw dŷ ar ffyrch nes â i'n ôl. Oes gynat ti amser?'

'Oes debyg,' ebe fi. 'Wedi i mi ymolchi mi'ch cymeraf o gwmpas.'

'Ymolchi? i be wyt ti isio molchi? ond wyt ti fel pin mewn papur—does ene run specyn arnat ti. Wyt ti'n mynd dipyn yn gysetlyd yma, dywed?'

Chwarddodd Williams, a rhedais innau i ymolchi. Pan aethom i lawr i'r parlwr, yr oedd Thomas yn sefyll ar ei draed ac yn ail lwytho ei bibell.

'Hwyrach mai gwell fyddai i chwi beidio smocio yn y dref, Thomas,' ebe fi.

'Oes drwg am hynny? ne ai pobol go gysetlyd sydd yn y Bala 'ma?' gofynnai yr hen frawd.

''Does dim drwg yn y peth, am a wn i, Thomas; ond nid oes neb parchus yn gwneud hynny yma,' ebe fi.

'Hyhy! a finne'n clywed mai rhai garw oeddach chi yma am smocio. Ond bid a fyno, chwadel y dyn od hwnnw o'r Sowth, dowch i ni fynd i edrach be welwn ni. Mae gen i isio gweld tri pheth—*Green* y Bala, y bydde dy fam byth a hefyd yn bethma yn 'i gylch o—y llyn—a'r gloch. Mi glywes y nhad yn deud gantodd o weithie am rwbeth fydde reit saff—can sowndied â chloch y Bala.'

'Ni a awn yn gyntaf i weld y llyn, Thomas,' ebe fi, oblegid yr oeddwn yn awyddus am gael myned drwy y dref yn gyflym tua chyfeiriad Llanycil rhag i ni dynnu sylw'r trigolion. Ond yr oedd hynny yn fwy o orchwyl nag a dybiaswn. Mynnai Thomas gael aros i edrych ar bopeth. Safodd ar ganol yr heol a'i ddwylo dan labedi ei gôb, a'i het ar ei wegil, a phan gerddais ymlaen ychydig, gwaeddodd yn uchel arnaf, 'Rhys, aros, cymer dy wynt fachgen ! Wel mae'r coed yma yn bethe digri ar ganol stryt, bydawn i byth o'r fan yma ! Dyma *champion* o dafarn, be ydi henw hi, dywed ?' '*White Lion*', ebe fi yn ddistaw, gan obeithio y buasai yntau yn siarad yn yr un cywair. 'O, *White Lion* !' ebe fe yn uchder ei ben. Safai pobl i edrych arnom—deuai masnachwyr i'r drysau—ymdyrrai plant o'n cwmpas ; ac yr oeddwn yn sicr fy meddwl fod coler fawr Thomas, a'r olwg ryfedd oedd arno yn peri iddynt oll ddisgwyl ei weled yn gwneud cylch ac yn dechrau perfformio rhyw gampau o flaen y *White Lion*, ac ni wyddwn pa beth i'w wneud gan gywilydd. Yr oeddwn hefyd yn teimlo'n ddig at Williams, oblegid yr oeddwn yn sicr ei fod yn mwynhau cymaint ar fy mhenbleth i ag oedd ar Thomas Bartley ei hunan, wrth ochr yr hwn y glynai yn glos. Symudais ymlaen a chlywn Thomas yn gwaeddi'n uchel, 'Be sy arnoch chi blant ? Ar be dach chi'n rhythu? Welsoch chi 'rioed ddyn o'r blaen ? Dyma'r plant rhyfedda a weles i 'rioed am llygid. Mi glywes lawer o sôn am "blant y Bala bach". Wyddoch chi be, os nad ewch chi oddma mi ro'r ffon yma ar ych cefne chi, a mi wna ! Rhys, be ydi dy frys di ? Ai un stryt ydi'r dre ma, Mr. Williams ? Dydw i'n gweld dim neillduol yni, a does 'ma ddim shope extra yt ôl, a mae'r lle yn edrach yn ddigon *quiet*. 'Roeddwn i wastad yn meddwl am y Bala mai tre oedd hi yn llawn o gapelydd, glwysi, a chlyche, a sgolion.

Wyddoch chi be, Mr. Williams, dyma dafarn arall nobyl anwedd, be ydi enw hon ?' '*Bull* mawr," ebe Williams. '*Bull* mawr ?' ebe Thomas, 'enw go smala, yntê Mr. Williams. Ydach chi'n siarad yn y Bala 'ma run fath â phobol Bwcle, deudwch ? tipyn o Gymraeg a thipyn o Saesneg ?'

Yr oedd fy nyled i Thomas Bartley yn fawr, ond buaswn yn eithaf bodlon i roddi y cyfan a oedd ar fy elw am ei weled yn troi gartref y foment honno. Er fy mod yn gwneud ymdrech i ymddangos yn hoyw, protestiai Thomas fy mod wedi altro yn arw, a'i fod yn sicr fy mod yn fecsio am rwbeth. O'r ochr arall, yr oedd Williams yn anterth ei ddedwyddwch, ac yr oedd Thomas ac yntau yn chwip ac yn dop. Gyda pharodrwydd mawr y cymerodd Williams arno ef ei hun y gorchwyl o 'ddangos pethau' i Thomas, a gwyddwn ei fod yn cael dirfawr bleser yn *matter of fact way* Thomas o edrych ar bopeth. Pan ddaethom i sefyllfa fanteisiol i gael llawn olwg ar y llyn, y datganiadau mwyaf barddonol a ddisgynnodd dros wefusau Thomas oeddynt— 'Wyddoch chi be, Mr. Williams, mi fase'r llyn yma yn gneud *môr* go lew ar *binch*. Ddyliwn fod yma lawer o bysgod ? Pw bluen sy'n cymyd ?—coch-y-bonddu ? Weles i le cleniach yn fy mywyd i fagu chwiad.' Gwrthododd Thomas ymweliad â mynwent Llanycil, am, meddai ef, fod pob mynwent a welodd erioed yr un fath, ac yn gwneud iddo feddwl am Seth, ac hefyd, am fod arno eisiau dychwelyd i'r Bala i gael gweled y 'gloch'. Cymerodd Williams drafferth i egluro i Thomas mai yn nychymyg pobl yn unig yr oedd y gloch enwog, neu o leiaf ei fod ef a minnau wedi methu dod o hyd iddi. 'Ho !', ebe Thomas, 'ddyliwn mai tipyn o scit ydi hi, run fath ag y bydd pobol yn deud mai'r peth gore fu 'rioed at fendio briwiau ydi *oil* traed malwod.'

Rhys Lewis. Daniel Owen.

COED-Y-PRY A CHAE RHYS

Y mae'r tŷ wedi ei chwalu bellach a thŷ newydd wedi ei godi yn ei le, ac y mae tir Cae Rhys wedi ei ychwanegu at dir Coed-y-pry. Tŷ bychan iawn ydoedd, yn sefyll mewn tipyn o bant, a tho gwellt trwchus arno a llawr pridd. Yr oedd talcen y tŷ wedi ei suddo i gesail y bryn, fel y gwelir yn aml yng Nghymru. 'Y lle hapusa' crandia' welais i erioed,' meddai'r Athro Edward Edwards wrth sôn amdano. Byddai'n rhaid dal ambrelo yn agored weithiau yng nghanol y gegin i ddal y diferion o'r to. Yr oedd y gegin yn llawn o ddodrefn derw a dwy hen sgrin o flaen y tân a thresel. O dan y simdde fawr yr oedd grât hir, lle y llosgid coed neu fawn ; ni byddai glo i'w gael yno un amser. Ar y chwith o'r drws yr oedd ffenestr yn edrych at y Bala a'r Arenig a'r pistyll. Y gegin oedd man cynnull yr holl deulu; yno y byddai holl waith y tŷ—gwneuthur canhwyllau, gweu, coginio, ac yno fin nos yr adroddid ystraeon ac y cenid carolau . . . .

Beti Edwards arw, wladaidd, heb honni fawr o grefydd na diwylliant ; Coed-y-pry a Chae-Rhys,—pe baem wedi gweled y rhain yng Ngorllewin Iwerddon, y mae'n ddigon tebyg mai 'cabanau truenus y tlodion' a roesem yn enw arnynt. Ni bûm erioed yn yr un o'r ddau dŷ pan oeddynt gyfannedd, ond cofiaf yn hir am un nos Sul tawel ym Medi pan safwn ar lawr garw Cae-Rhys yn edrych ar y muriau di-blastr fel waliau beudy, a darn o wydr wedi ei galchio i'r pared,—yr unig ddrych a oedd gynt yn y tŷ i gyd. Daeth rhyw deimlad rhyfedd trosof, ac yn sydyn gwelais yr hen gegin yn orwych gan aur a sidan, a'i cholofnau marmor yn cynnal cnapwaith coronog y to ysblennydd. Arhosodd y weledigaeth gyda mi hyd nes y pallodd y pelydryn olaf yn y darn drych ; arhosodd gyda mi pan gerddwn i'r Pandy ar hyd y llwybr a gerddodd Owen ganwaith yn droednoeth ; arhosodd pan euthum yn ôl i'r byd mawr. Gwn yn iawn beth a feddyliai'r Athro Edward Edwards pan ddywedodd am yr hen gartref mai dyna'r 'lle crandia' a welodd erioed.'

Owen Morgan Edwards : Cofiant. W. J. Gruffydd.

DYFFRYN EDEIRNION

Plwyf Llandrillo wrth odre'r Berwyn yn nyffryn Edeirnion yn sir Feirionnydd oedd fy nghynefin cyntaf, ond fe estynnwyd terfynau fy leibart i gynnwys cartref rhai o'm hynafiaid yn ardal Llawr-y-Betws pan oeddwn yn ieuanc iawn. Dyffryn afon Ddyfrdwy yw Edeirnion, rhan o'i llwybr troellog o Lyn y Bala i Faelor a'r môr. Cul iawn yw'r dyffryn yn ei gychwyn ym mhlwyf Llandderfel a chul yw hefyd o Gorwen i lawr nes trosglwyddo'r afon i ofal dyffryn Llangollen. Ond yn y canol rhwng y ddeupen cul y mae iddo led yn ogystal â hyd, ac yn ei fan lletaf ym mhlwyf Llandrillo y mae tri-chwarter milltir ar draws ei lawr gwastad rhwng godre mynydd Mynyllod ar y chwith a throed Cadair Fronwen ar y dde. Fe argraffwyd llun a lliw y rhan hon o'r dyffryn yn fanwl-gywir ar fy nghof trwy ei fod yn gyson o flaen fy llygaid o ddydd i ddydd er y pryd yr agorwyd hwy gyntaf i weled. Fe'i gwelais ar hindda a drycin, ar des ac ar heth, ond y darlun a ddaw amlaf i'r wyneb yn fy nghof yw'r un a welais laweroedd o weithiau rhwng y ddau gynhaeaf oddi ar lecyn amlwg hanner y ffordd i fyny'r llethr serth uwchben fy nghartref. Yn y darlun y mae'r dolydd o boptu i'r afon islaw yn edrych fel lawntiau eang llyfnion dan adladd y cynhaeaf gwair a'r ydau aeddfed megis clytiau o aur ynghanol y gwyrddlesni ; ysgwyddau mynydd Berwyn yn ymgodi'n fawreddog yr ochr draw yn derfyn rhwng y dyffryn a'r byd mawr, a thu hwnt iddynt hwythau y cnufau anferth o gymylau gwynion yn araf ymsymud fel pe baent ar siwrnai hamddenol o dragwyddoldeb i dragwyddoldeb. Mi welais y darlun hwnnw lawer gwaith mewn lleoedd gwahanol iawn i Edeirnion yn ystod y ddau ryfel mawr, a chydag ef fe ddeuai'r geiriau hynny i'm cof :

Pan fo rhyfel yn y byd—
Godre'r Berwyn, gwyn eu byd.

Godre'r Berwyn. F. Wynn Jones.

CANOL NOS AR FWLCH-Y-GROES

Un o'r siroedd mwyaf hyfryd i deithio trwyddi yng Nghymru ydyw Sir Feirionnydd. Ac o holl ffyrdd y sir honno, nid oes un sy'n well i'w cherdded na honno o Ddinas Mawddwy tros Fwlch-y-groes i Lanuwchllyn, ac nid y rhan leiaf o'r gyfrinach yw bod Bwlch-y-groes yn rhy serth i'r mwyafrif o fodurwyr ei fentro, ac felly ychydig iawn o gerbydau modur a ddaw i'ch cyfarfod ar eich taith.

Pentref ydyw Dinas Mawddwy, hen gartref enwog Gwylliaid Cochion Mawddwy. Tan yn ddiweddar, bu Dinas Mawddwy yn fwrdeisdref. Yn y coed tu hwnt i Fallwyd, i gyfeiriad y Foel a'r Trallwm, yr oedd cuddfan y Gwylliaid. Fe drown ni tua cheg Cwm Cywarch, sy'n rhedeg ar ei union am odre Aran Fawddwy, ond dal ymlaen am Lanymawddwy, plwyf diarffordd iawn y bu Archesgob cyntaf Cymru yn gofalu amdano. Pan ar fin cyrraedd gwaelod Bwlch-y-groes, deuwn at ffermdy olaf y cwm, sef Blaen-y-cwm, Mawddwy. Heibio i'r ffermdy, y mae ffordd fynydd yn arwain i fyny Cwm Lleithnant am Greiglyn Dyfi, llyn y dywedir nad oes un pysgodyn ynddo.

Ond ymlaen â ni, heibio trofa sydyn ar waelod y bwlch, a thrown ar i fyny. Am beth amser, y mae'r codiad yn raddol, eithr tua'r canol y mae'n serth iawn, ac y mae wyneb y ffordd yn garegog. Dyma fan tranc pob modur nad yw ei beiriant a'i frêcs cystal ag y dylent fod ! Ar y llaw dde, ychydig cyn i ni gyrraedd pen y bwlch, y mae ffordd fynydd yn troi am y Gadfa a Llyn Llanwddyn, sy'n cyflenwi dinas Lerpwl â dŵr yfed. Ymlaen â ni tua'r pen lle mae'r awel yn iach a'r amgylchedd yn wyllt iawn. Rhaid cerdded am gryn ysbaid ar hyd gwastatir cyn gweld gogoniant yr olygfa—mynyddoedd Meirion i bob cyfeiriad, y ddwy Aran yn ein hymyl ar y llaw chwith, mynyddoedd y Berwyn ar y dde, a'r Arenig yn frenhines fach yn y pellter. Draw yn y pantle, dacw Lyn y Bala a Llan-uwch-llyn, y plwyf lle ganwyd llu o wŷr a roddodd wasanaeth amhrisiadwy i'r plwyf ei hun ac i Gymru gyfan.

Y fferm olaf a adawsom ym Mawddwy oedd Blaenycwm. Blaenycwm hefyd yw'r fferm gyntaf a welwn yn Llanuwchllyn,—Blaenycwm Cynllwyd, canys Cynllwyd yw enw'r cwm a red o'n blaen bob cam nes i ni gyrraedd pentref Llanuwchllyn ei hun. Mae'r ffordd yn arwain ar hyd silff gul ; odditanom y mae dibyn mawr, a chraig uchel, Craig yr Ogof, uwch ein pen. Cofiaf groesi Bwlch-y-groes, lawer blwyddyn yn ôl, ar fy ffordd adref i Lanuwchllyn o Ddinas Mawddwy, rai dyddiau cyn y Nadolig. Er bod haen o eira ar lawr, yr oedd y siwrnai yn rhwydd nes imi gyrraedd Craig yr Ogof. Yr oedd hi'n noson serennog, braf, a'r lloer yn llawn, a gallwn weld Arenig yn y pellter, er ei bod hi tua hanner nos. Mor hapus y teimlwn innau yn awel finiog, iach y mynyddoedd, nes i mi sylweddoli bod yr eira ar silff Craig-y-Ogof wedi rhewi'n galed. Yr oedd yn amhosibl troi'n ôl, ac nid oedd dim amdani ond mentro'r silff gul. Ar waelod y dibyn, gannoedd o droedfeddi odditanaf, llechai ffermdy Tanybwlch, a'r trigolion yn cysgu'n drwm. Cedwais ddrws y car ar agor, er mwyn i mi fedru neidio allan pe bai angen, a chychwynais i lawr y silff. Ni feiddiwn ddefnyddio'r brêcs, a chyflymai'r car i lawr y rhiw. Nid oedd dim i'w wneud ond gobeithio am y gorau, tra llithrai'r olwynion ôl yn ansicr ar y rhew. Ond trwy ryw ryfedd ras, daeth y car i ochr draw'r silff, ac ymlaen â mi i lawr Cwm Cynllwyd . . .

Blodau'r Ffair. Ifan Ab Owen Edwards.

Awel iachus sy 'mhen Berwyn,
Lle i weled llawer dyffryn ;
Ac oni bai'r Arennig ddiffaith,
Gwelwn wlad fy ngenedigaeth.

Caeëd pawb ei ddrws yn chwipyn,
Mae'r ôd yn barod ar ben Berwyn ;
Fe ddaw i lawr a'r niwl i'w ganlyn,
Yn huling gwyn i hulio'r gwanwyn.

Hen Benillion.

SIR DREFALDWYN

HIRAETH AM FALDWYN

Wedi gwae y byd a'i gŵyn,
O ! am weld goror Maldwyn ;
Yno mae tynfa f'einioes
I lwybrau fil bore f'oes :
Dotiaf o gariad ati,
A mwyna' man yw i mi.

Gwylaidd yw ei thrigolion,—a'u moesau
Fel ei meysydd tirion ;
Mor annwyl ei morynion,
A'i gwŷr yn bybyr i'r bôn.

Acen bêr sydd i'w lleferydd,—a ffraeth
Fel ffrwd ei hafonydd ;
Trwy'r holl dir pa sir y sydd
Ail i hon am lawenydd ?

Y Glowr a Cherddi Eraill. Gwilym R. Tilsley.

BRO DDYFI

Pe cawn yn gyfan gennyt, fyd,
dy ddrud oludoedd weithion,
ni'm ceid i geisio estron fro
na hwylio'r moroedd meithion,
ond mynd yn glau tros ddwfn a bas
ar noswyl hwyr i'r Ynys Las.

Pe rhoddid imi wawl y sêr,
o loer, a'th leufer arian,
nid afrad fyddai 'ngolau gwyn
ar bob rhyw fryn a marian,
ond hwyliwn nef â llawen lyw
i'r Twyni Bach a'r tonnau byw.

Mae rhai a fawl wychterau cain
  bro Rufain bell neu Dwrin,
ond pan fo mwyar fyrdd a myrdd
  ar gloddiau gwyrdd Llanwrin,
gwell na llawenydd broydd bras
bro delaid Aberdulas.

Ni ddaw i'm rhan na golud byd
  na'i hudion dirifedi,
a gwn na chaf dy lewych pêr
  di syber leuad Medi.
Ond cefais, Ddyfi, 'r ddawn sy ddrud
i anwylo bro hen lwybrau hud.

Canu Chwarter Canrif. Iorwerth C. Peate.

NANT YR EIRA

Mae'r tylluanod heno yn Nôl-y-garreg-wen,
mae'r glaswellt tros y buarth a'r muriau'n llwyd gan gen,
a thros ei gardd plu'r gweunydd a daenodd yno'u llen.

Tros fawnog lom Cwmderwen, mae'r plu yn amdo gwyn,
a'r ddwy das fel dau lygad nad ydynt mwy ynghŷn,
a'r sêr yn llu canhwyllau draw ar allorau'r bryn.

Benwynion gwan y gweunydd, beth yw'r hudoliaeth flin
a droes yn sgrwd pob atgof a'r rhostir hen yn sgrin?
'Dim, namyn gormes Amser a dry bob gwiw yn grin.'

Ni ddychwel yr hen leisiau yn ôl i Fiwla trwy
flin drais y ddwylath gweryd; bu'n ormod iddynt hwy.
Bydd dawel, galon ysig, a phaid â'u disgwyl mwy.

Y mwynder hen a geraist, ffoes ar annychwel hynt,
diflannodd gyda'r hafau bereidd-dra'r amser gynt.
Nid erys dim ond cryndod plu'r gweunydd yn y gwynt.

Canu Chwarter Canrif. Iorwerth C. Peate.

TRO I FAESGLASAU

. . .Ond dyma ddiwrnod braf o'r diwedd, ac yr wyf am fynd â chwi i Faesglasau. Y mae pob Cymro a Chymraes, ond odid, yn gynefin â'r enw, heb wybod mai lle ydyw ychydig ffordd o'r Dinas. 'Pa ddinas yw honno?' meddwch, a phan ddywedaf Dinas Mawddwy, efallai na bydd llawer ohonoch fawr callach. Gŵyr pob plentyn ysgol am y Gwylliaid Cochion, y canodd mwy nag un bardd faledi iddynt. Daw llawer o foduron yn agos i'r 'dre,' fel y gelwir hi gan y trigolion, ar eu ffordd i Ddolgellau, ac â'r dewraf ohonynt drwyddi, ar eu ffordd dros Fwlch y Groes i Lanuwchllyn a'r Bala. Bu'r pentref â llawer o drafnidiaeth ynddo gynt, ac yr oedd 'Ffair-Dinas-yr-haf,' ar yr ail o Fehefin, yn cael ei chysylltu, yn yr hen amser, â ffeiriau Gwrecsam a 'Mwythig 'fel y tri lle, lle byddai mwyaf o brynu a gwerthu ar wartheg a cheffylau.' (Clywais fy nhaid yn dweud ei fod yn cofio dros 500 o wartheg yn cael eu pedoli ar gae'r *Blue Lion* y noson cyn y ffair. Oherwydd eu ffeiriau, yn arbennig y ffair hon a Ffair Glangaeaf, y daeth y Dinas yn lle gweddol enwog). Nid tyfu a wnaeth o gwmpas Llan neu eglwys, fel llawer o bentrefi Cymru, a phan aeth masnach o'r ffordd fawr i'r ffordd haearn darfu pwysigrwydd y 'dre.' Os na ddaw'n ôl ? . . .

Os buoch chwi drwy'r Dinas yn nechrau'r haf, y mae'n debyg eich bod yn meddwl mai hwn yw'r llecyn mwyaf prydferth yn y byd. Clywch yr awel adfywiol yn chwarae ar eich wynebau, a 'mwyn hedd y mynyddoedd' i'w deimlo ymhob man. Rhed afon Ddyfi a'i haml aberoedd yn beraidd drwy'r dyffryn, ac o bob tu cyfyd mynyddoedd uchel, serth fel gwarchodlu cadarn oddeutu'r pentref tawel. Ar y llethrau, y mae coed newydd eu plannu, yn rhesi trefnus, a thwmpathau o fanadl, neu rododendron, neu rug, yn ôl y tymor, yn gwenu yng nghanol y glesni. Efallai y cewch weled a chlywed yr hyn a eilw'r bobl yn 'briodas y brain,' oherwydd yn adfeilion yr hen Blas a'r coed o'r deutu, y mae llawer o frain yn nythu. Ond ar wahân i hynny a murmur ysgafn yr afon, tawel yw popeth, megis mewn cwsg, a'u lliwiau oll yn ymdoddi'n hapus i'w gilydd . . .

Cwm bychan ' ymhell o firi pobl ' chwedl yr hen air, yw Cwm Maesglasau, a lle gogoneddus ar haf sych. Nid yw mor hir, nac mor amrywiol â Chwm Cywarch, ac y mae hen derfynau'r caeau wedi eu colli yma ac acw. Yn y pen draw iddo, croga Craig Faesglasau, a'r Pistyll claerwyn yn disgyn trosto haf a gaeaf. ' Cynefin y carlwm a'r cadno, a hendref yr hebog a'i ryw ' yw'r Graig hon. Ynddi, ac yng Nghwm Cywarch y ceir rhai o noddfeydd ola'r deryn gwyllt, yn arbennig y gwalch glas, y ceisir ei amddiffyn rhag difancoll. Lle tawel, llwm, ac unig yw'r Cwm—dim ond dwy ffarm yn awr, heb sŵn ond sŵn y dŵr yn syn daro ar y graig, brefiadau ŵyn newydd eu hel, a chri'r barcutanod uwchben. Pair y tawelwch i ddyn feddwl ei fod wedi gadael y byd cyffredin ymhell, bell yn ôl, ac nid yw'n rhyfedd bod yma feudwyaid crefyddol gynt, dros y gefnen, yng Nghae'r Abaty ; cell yma ; eglwys dros y Cyfrwy yng Nghwm yr Eglwys, a lle arall ym Mhenantigi Uchaf . . . Y mae Maesglasau ei hun yn dadfeilio, ond yn y beudy hwn, yn 1749, y ganed yr emynydd a'r cyfieithydd, Hugh Jones, yn un o naw o blant . . .

Gellir teimlo'r ing enaid a welir yng ngwaith yr emynwyr gorau yn ei waith, a'r dwyster a ddaeth gyda'r Diwygiad Methodistaidd. Ni sylwais bod ôl y gynghanedd ar fawr o'r emynau, ond tybiaf fod hynny'n rhan bwysig o swyn ei emyn gorau, er mai emyn wythsill ydyw ac odl gyrch ynddo. Weithiau, y mae'n amlwg iawn—

> Ei ddwyfol loes a'i ddyfal lef,
> Hi bery'n hwy na bore a nawn.

Dro arall, nid oes ond tinc ohoni, e.e.

> O gariad pur i mi mewn poen.

Nid oes Gymro mewn unrhyw wlad nad yw yn ei hoffi, a geilw Syr O. M. Edwards ef ' yr emyn gorau yn yr iaith.'

Erys traddodiad mai atgof am Gwm Maesglasau, ei hen gartref, a achlysurodd ei gyfansoddi, a chenir yr emyn yn aml yn yr ardal o hyd.

O tyn
Y gorchudd yn y mynydd hyn ;
Llewyrched Haul Cyfiawnder gwyn,
O ben y bryn bu addfwyn Oen
Yn dioddef dan yr hoelion dur
O gariad pur i mi mewn poen.

Ple, ple
Y gwnaf i fy noddfa dan y ne' ?
Ond yn ei archoll ddwyfol E' ;
Trwy bicell gre' y waywffon
Agorwyd ffynnon i'm glanhau ;
'Rwy'n llawenhau fod lle yn hon.

Oes, oes
Rinwedde a grym yng ngwaed y groes,
I lwyr lanhau holl feiau f'oes ;
Ei ddwyfol loes a'i ddyfal lef
Mewn gweddi drosof at y Tad
Yw fy rhyddhad, a'm hawl i'r nef.

Golch fi
Oddiwrth fy meiau mawr eu rhi,
Yn afon waedlyd *Calfari* :
Sydd heddiw'n lli o haeddiant llawn ;
Dim trai ni welir ynddi mwy ;
Hi bery yn hwy na bore a nawn.

Dyna'r pedwar pennill blaenaf o'r emyn, pedwar pennill wrth fodd calon Cymro ymhob man. . .

Ysgrifau. John Breese Davies.

YR ARGAE

Mur y muriau ym Merwyn—ar uchaf
　　Faes Brochwel a Bleddyn :
　Cloes gwytnwch a dycnwch dyn
　Lonyddwch Hen Lanwddyn.

Llanwddyn yn llyn heddiw,—dinodded
　　Ei anheddau chwilfriw ;
　Tan genlli tonnog unlliw
　Allorau bro'n y llawr briw.

Briw hen y Cwm a brynwyd,—yr erwau
　　Er arian a werthwyd ;
　Y brau feddau a faeddwyd,
　A'r Llan yn y dyfnder llwyd.

A llwyd fel cen y llediaith—a dorrodd
　　Ar gwm dewr ac uniaith ;
　Rhy drwm fu gorthrwm ' Y Gwaith '
　A chost yr oer orchestwaith.

Gorchestwaith erlid didor,—y dugoed
　　Yn llindagu goror ;
　A rhoi mall greulonder môr
　O'r argae i Riwagor.

Beirniadaethau a Chyfansoddiadau, 1954.　　John Evans.

YM MALDWYN

Pan oeddwn yn casglu'r meddyliau hyn at ei gilydd eisteddwn yn ystafell ffrynt hen blasty. Wrth edrych drwy'r ffenestr fawr sydd o'm blaen gwelaf yn ymagor ger fy mron Ddyffryn Banw a'i wyrddlesni o bob gwawr hyd frig y bryniau eithaf, a'i goed blodeuog a rhosynnog, a'i fân flodau o bob lliw, ar wasgar i bob cyfeiriad. Y mae aderyn unig yn canu â'i holl egni, a chi unig yn cyfarth yn y pellter mawr, a'r tawelwch yn llethol o hyfryd. Mewn gwlad fel hyn yn unig y gellir disgwyl i neb weld yr Arglwydd yn 'Rhosyn Saron.' O weld prydferthwch Maldwyn y gwelir gogoniant y gymhariaeth, ac Ef yn y prydferthwch hwnnw yn anghymarol. Yna'r dychymyg yn ehedeg i gael cip ar brydferthwch mwy ysblennydd y nef a'i weld Ef yn anghymarol yno hefyd,—'Ti yw tegwch nef y nef.' Y mae hi a Phantycelyn yn cydolygu ar hyn. Gwir mai o'r Beibl y cafodd Ann Griffiths yr enw 'Rhosyn Saron', ond y tebyg yw na welodd hi erioed rosyn Saron, ac mai trwy brydferthwch rhosynnau Maldwyn ar bob llaw iddi y gallodd amgyffred tegwch sy'n rhagori ar ddeng mil. Nid fel hyn y canai petai wedi ei magu yn Eryri. Y mae Eryri yn hardd, canys gall gerwinder fod yn rhan o harddwch. Hawdd yw anghofio cyni'r byd ym Maldwyn, ond nid yn Eryri. Nid oes ym Maldwyn erwinder ; y mae gerwinder yn lladd prydferthwch. Prydferth yw Maldwyn. Ni faliaf yma am droi botwm y radio i wybod pa mor helbulus yw'r byd, ac ni faliaf pe na chawn gip ar bapur newydd o un pen i'r wythnos i'r llall. Yma gellir ymgolli'n rhwydd mewn pethau nas adnabu'r byd. Dyna a wnâi Ann Griffiths,—'Tragwyddol syllu ar y Person a gym'rodd arno natur dyn,' a gadael i'r byd a'i drybini gymryd eu siawns.

Gyda'r Hwyr. E. Tegla Davies.

GODRE BERWYN

Pan fo rhyfel yn y byd
Godre Berwyn gwyn eu byd.

Dyna'n union fy mhrofiad innau. Euthum i Lanrhaeadr Mochnant pan oedd y Rhyfel Byd cyntaf yn dair wythnos oed a gadael naw mis wedi ei orffen. A deimlodd rhywle yn Ewrop lai oddi wrth y rhyfel na Llanrhaeadr? Treflan ym mhendraw un fraich i Ddyffryn Tanat yw Llanrhaeadr, bedair milltir ar ddeg o Groesoswallt, y dref farchnad, a gwlad amaethyddol, denau ei phoblogaeth, rhyngddynt. Rhennir Llanrhaeadr yn ddwy ran gan Afon Raeadr, a red i Afon Danat ychydig yn is i lawr, a'r ddwy ran mewn siroedd gwahanol—Maldwyn a Dinbych—ond anian Maldwyn sydd i'r ddwy. Try cwm cul—Cwm Blowty—o'r Llan, bedair milltir o hyd, ac ym mlaen y cwm y mae un o olygfeydd godidocaf Cymru, onid Prydain oll,—Pistyll Rhaeadr. Y mae sefyll ar y bont fach yn rhythu ar ei gwymp—ni ellir ond rhythu—nes iddo'ch meddwi, i weld popeth yn symud ond ef, hyd yn oed y bont o danoch, yn un o'r profiadau a erys tra fyddwch. Ar y lawnt ychydig yn is na'r Pistyll, y mae tair carreg fawr,—Baich y Cawr, Baich y Gawres, a Ffedogied y Forwyn. Maglodd y cawr wrth iddynt ffoi i Bennant Melangell, gan achosi maglu'r gawres a'r forwyn ac iddynt fwrw eu beichiau. Cwymp y cawr a achosodd Gwm Blowty, ac y mae Cwm Blowty'n bedair milltir o hyd. Ymddengys nad oedd pobl Cwm Blowty yn yr hen amser yn rhyw dduwiol iawn. Y mae olion pwll ymladd ceiliogod ym muarth Maes y Bwch, ac y mae'r pennill hwn hyd heddiw ar dafod y fro:

Annuwiolion Cwm Blowty, meddyliwch am Dduw,
Rhag ofon i'r diafol eich cymyd chi'n fyw;
Os oes gennoch ddefed ar ben Pant y Cawr,
Wel, cerwch ddydd Sadwrn i'w moyn nhw i lawr.

Rhyw filltir uwchlaw'r Pistyll y mae Craig Ferwyn, y gorwedd Arthur a'i farchogion yn ei hogof, yn cysgu nes codi o'r wawr ar Gymru. Yng ngenau'r ogof y mae cloch i'w chanu gan y llanc â'r ffon ganddo a dorrwyd yng ngodre'r graig, pan eilw heibio. Y gloch honno a ddeffry Arthur. Eithr y mae tomen o aur yno hefyd i demtio'r llanc i beidio â chanu'r gloch.

Gyda'r Blynyddoedd. E. Tegla Davies.

SIR ABERTEIFI

CANTRE'R GWAELOD

1

Obry blodeuai Ebrill,
Ymwelai Mai a'i lu mill ;
A dawns y don sidanaidd
A'r hallt fôr, lle tyfai haidd.
Lle by trydar a chware,
Dŵr a nawf rhwng dae'r a ne'.
Tegwch Natur, fflur a phlant,
Morynion,—yma'r hunant—
Blodau haf heb olau dydd
O dan oer don y Werydd.
Pob ieuanc ar ddifancoll,
A hithau'r gân aeth ar goll.

Pau segur is pwys eigion,
Distaw dud is to y don.
Uwch ei phen mae llen y lli,
A'i ddŵr gwyrdd ar ei gerddi.
Ei hamdo mwy ydyw môr,
A'i ddylif fydd ei helor.

2

Caer sy deg gorîs y don
I frwyn a môr-forynion ;
Yma rhwng ei muriau hi
Nofiant yn eu cynefin.

Main hudol a phob golud
Sy o fewn y ddinas fud ;
Tlysau a pherlau a physg,
Gwymon a gemau'n gymysg ;
Dinas dawel môr heli,
Hafan y dwfn ydyw hi.

Sain ei mynych glych a glyw
Sobreiddiol osber heddiw
O'r ddinas gain,—sain y sydd
Soniarus yn y Werydd.

Yr Haf a Cherddi Eraill. R. Williams Parry.

Y BAE

At hoywfor Aberteifi,
A bae dawns fy mebyd i,
Eto heno y tynnaf,
Yn ŵr hen yno yr af.

Caraf ei faith aceri
A chymdeithas ei las li ;
Ei orawen a'i ruo,
Ei wên a sglein ei sigl o ;
Ei rŵn crug draw'n y creigiau
A'i regfeydd drwy'r ogafâu,
A rhwyfus ruthr ei hoywfeirch
A chwyrn fâr dychryn ei feirch,
Arswydus, garlamus lu
Ar ei wâr yn gweryru.
Ei wenyg erch yn eu gwyn
Yn ymarllwys i'r Morllyn,
A'i rym mawr yn chwarae mig
Yn y cyrrau drwy'r cerrig.

. . . . . .

Nid oes mwy ar drothwy'i draeth
Sŵn diwyd farsiandïaeth,
Na llong i dir yn dirwyn
O'i rhawd draw heibio i'r trwyn,
A nofio fel bun hoywfalch
Ar ei frig â'r cerrig calch,
Na berw hwyl amaethwyr bro
At yr odyn yn troedio ;
Mawreddog wŷr amryddawn
Hwyr o ha' dan leuad lawn ;
Gweis y wedd a'r gŵys oeddynt,
Hen wŷr garw'r ddrycin a'r gwynt.
I'w si heno nis swynir
I aros trai'n rhestrau hir,

A chad o geffylau chwyrn,
Hydwyth eu cyrff a chedyrn
Tan eu llwyth wrth ddadlwytho
Ac aruthr eu rhuthr ar ro.

'D oes si tresi na rhwnc trol
Yno ragor na rhigol,
Dim ond rhyfeddod y môr
A'i hir yrru drwy'r oror.
Bad a sgwner blesera
Yn hwylio'n llawn ar nawn ha'
Draw ymhell, ac ambell gwch,
I fro hud eu hyfrydwch ;
A gloÿnnod y glannau
Dedwydd drwy'i gilydd yn gwau.
A galw hen y gwylanod
Derfyn dydd adref yn dod,
O herwa'u bwyd ym merw bar,
I grud yng Nghraig-yr-Adar . . .

Beirniadaethau a Chyfansoddiadau, 1959. Alun Jones.

SIR ABERTEIFI

Sir y mawn, sir y meini,—sir y mwn
Sir mynych bentrefi,
A sir llawnt a phleser lli
O flin drafael hen drefi.

Cerddi Ffair Rhos. Evan Jenkins.

UNWAITH ETO

Er hwyrlef hydre' a'r hirlwm—
Mae dail ar goed Coed-y-Cwm.

Er garw lan a galanas,
A rhwygluwch li—mae'r gloch las
Yn donnau dros Ben Dinas.

Er yr hafwynt—mae rhyfyg
Ac awyr haf ym Mhlas Crug.

Er gaeaf a niwl afiach
A hymian byw—mae ŵyn bach
A haul oriog yng Nghlarach.

Er oer ddydd a llwydrew'r ddôl—
Mae'r adar yng Nghwm Rheidol.

Awen Aberystwyth. E. Gwyndaf Evans.

PENTREFI

O grwydro'r ffyrdd anniben, y llwybrau meddw
sy'n dianc o gysgod Gogerddan i'r mynydd agored,
gellir cyfarch y bymthegfed ganrif.

Mae Elerch, Llwyn-prysg a Phont-rhyd-y-beddau,
Capel Dewi a Phenrhyn-coch yn solet fel hen ddynion,
fel patriarchiaid gwydn y nentydd cilwgus ;
maent mor hen â phechod ac mor hir ddrwgdybus,
yn deidiau balch ystyfnig dan gochl eu cerrig llwyd.

Ac fel broc ar y traeth, neu'r afreolus wynt,
safant yn ddigyfnewid. Fe'u gadawyd, eu gwrychoedd a'u tai,
eu defaid a'r maith fynyddoedd,
i bydru'n ddiamcan ymlaen, rywsut neu'i gilydd,
ac i ffynnu'n benderfynol, fel sy'n gweddu i'r hen,
mewn cornel ddidrafferth yn Sir Aberteifi.

Ambell waith, pan fo afon yn newid ei chwrs,
ac yn gorymdeithio tua'r môr
dros feysydd gwyryfol, yn mynnu ei ffordd,
gan dreiddio trwodd fel byddin ragorol yn hawlio ardal,
gadewir adain swil o dir, rhyw dafod dirmygedig
i fyw ar siglo syrffedus y dŵr a anghofiwyd,
i deimlo adlais ton neu ddwy, i gysgu a goddef pysgotwyr.

Felly'r pentrefi hyn ar ddiwrnod fel heddiw
pan fo'r gwanwyn dihidio, pwy a ŵyr paham,
wedi gwawrio ynghanol Chwefror, gan boeni'r briallu
yn ymyl y gwrych, a chodi'r hen gennin Pedr
ymhell cyn ei amser.

Ni chofiant bellach gampau'r Gwylliaid Cochion,
na Thwm Siôn Cati'n dygyfor heibio ar gychwyn chwedl,
ond rywsut fe ŵyr y cyfan ohonynt, er hynny,
fod yr afon unwaith yn ferw o gylch eu traed,
sŵn y glêr yn seinio'r tu draw i Elerch,
a Dafydd ap Gwilym yn deffro ym Mhenrhyn-coch.

Diweddar a dibwys yw rhwysg Gogerddan,
a moethau gwyddonol yr iseldiroedd ;
ond gorwedd gwytnwch caled y canrifoedd
a hanfod bywyd ym mud lonyddwch y pentrefi hyn,
pa mor gysglyd bynnag y bônt dan haul annisgwyl Chwefror.

Baner ac Amserau Cymru. R. Gerallt Jones.

Y MYNYDD BACH

Mae dwy ffordd o bentref Llangwyryfon i ben y mynydd. Y ffordd orau (nid o ran wyneb, bid sicr) yw honno sy'n troi ar y chwith yn y pentref, ac yn ein harwain ar hyd llwybr caregog, troellog, rhwng cloddiau uchel ar bob llaw a bysedd y cwn yn blodeuo'n doreithiog yn nhrymder haf. Cyn hir deuwn at y gwastadedd uchel a rhyw awel denau, fain, o'n cwmpas. Yna troi'n ôl ac ymlaen, a dyma ni allan ar y mynydd, y crawcwellt dan ein traed, a golygfa hyfryd tua'r gorllewin. O'n blaen ymestyn y rhostir cyndyn, sur, am filltiroedd : y tu draw iddo mae cylch Bae Aberteifi. Ymhell bell ar y gorwel, sir Benfro a Phen Caer yr ochr draw i Abergwaun : yna'r Cei Newydd a'r fraich dir y tu cefn iddo : Aberaeron, Llanddewi Aberarth, Llanon, y wylfa uwchben Llanrhystyd : Pen Dinas ger Aberystwyth, ac efallai, ar ddiwrnod clir, yr Wyddfa yn y pellter draw. Ac yna, o droi yn ein holau a dilyn y ffordd ymlaen, deuwn at Lyn Eiddwen ei hun, a'r hen gastell adfeiliedig (os dyna ydyw) yn y pen draw. Prin, efallai, y disgwylid gweld y fath beth yma, ond eto rywfodd y mae'n ffitio i mewn i'r patrwm, yng nghanol y brwyn a'r tir mawnoglyd a'r tawelwch mawr di-gyffro. Oes,

> Mae yma gordial at bob clwy
> Mewn unigeddau mwy na mwy . . .

a benthyca geiriau bardd o ardal arall yng Nghymru—ardal lawn mor unig â'r ardal hon ond ei bod hi'n arwach ac yn fwy gerwin. Ond y mae i'r Mynydd Bach hefyd ei feirdd a'i lenorion, ac ni warafunai neb inni sôn yn gyntaf oll am Edward Prosser Rhys. Dyma ei enedigol fro, dyma'r ardal a hoffai yn anad un. Ganed ef a'i fagu yn y Morfa Du (y mae swyn hyd yn oed yn yr enw) a phed aech i sgwrsio ag ef, odid na ddeuai rhyw gyfeiriad cynnil at ardal y Mynydd Bach allan cyn hir. Cofiaf ef un tro'n sôn amdano'i hun yn fachgen ieuanc yn ysgol y pentref yn cael ei ddewis i arwain dau athro coleg o gwmpas y mynydd— yr oedd un ohonynt yn chwilio am flodau neu drychfilod arbennig, a mab y gof a gafodd y fraint o'u tywys i'r mannau lle y disgwylid eu cael. Nid dyma'r lle i sôn am ei bersonoliaeth hoffus a'i ddawn i wrando a chysuro, a'r golled a olygai ei farwolaeth gynnar i'w gyfeillion : gwnaethpwyd hynny gan wŷr cymhwysach pan fu farw yn nechrau 1945. Ond ni allaf beidio â dyfynnu un o'i englynion :

Lliwiau'r hwyr, hanner lloer wen—awel lesg,
  Hwyl ŵyn, si gwenynen—
A myfi heb gwmni Gwen
Uwch llonyddwch Llyn Eiddwen.

a'r gân honno i Gymru a gyfansoddodd yn ystod y rhyfel, lle y mae'n sôn am ei awydd i 'ffoi i ynys radlon yng ngloywddwr môr y De' a chaffael ymryddhau oddi wrth ofalon y byd cythryblus a oedd ohoni :

. . . Ond glynnu'n glos yw 'nhynged
  Wrth Gymru, fel y mae,
A dewis, er eu blynged,
  Arddel ei gwarth a'i gwae ;
Bydd Cymru byth, waeth be' fo'i rhawd,
Ym mêr fy esgyrn i, a'm cnawd.

A chyda'r cwmni bychan
  A'i câr drwy straen a stwr,
Heb hitio yn nig na dychan
  Cnafaidd nac ynfyd ŵr,
Galwaf am fynnu o'n cenedl ni
Gymod â'i theg orffennol hi.

Ac os yw'r diwreiddiedig
  A'r uchelgeisiol griw
Yn dal mai dirmygedig
  Yw ple'r cymrodyr gwiw,
Deued a ddêl, rhaid imi mwy
Sefyll neu syrthio gyda hwy.

Crwydro Ceredigion. T. I. Ellis.

GARTREF AR WYLIAU

Yr oedd yn chwech o'r gloch erbyn imi gyrraedd Tregaron. Ond y mae chwech o'r gloch yn fore yn nechrau mis Gorffennaf, a'r dydd yn burion golau am bum awr arall. Rhaid cipio yn nwydus yn y pum awr hynny, gan na bydd oriau cyffelyb iddynt fyth wedyn yr haf hwnnw—fyth hyd yr un oriau ym mhen y flwyddyn. Y mae'r byd yr ydych yn disgyn iddo yn gwbl newydd a gwyryf am yr oriau hynny, ac am yr oriau hynny'n unig. Erbyn y bore trannoeth bydd rhyw gymaint o gynefindra wedi distyll dros yr holl newydd-deb cyntaf, a rhoddi rhyw fymryn o gyffredinedd iddo. Y noson gyntaf sylwch ar bob un dim bach—ar y perthi sydd yn leision hyd at yr hen orsaf ; ar bob trofa ar y ffordd sydd gymaint culach nag ydoedd pan welsoch hi am y tro diwethaf yn niwedd mis Ebrill ; ar y prennau lle yr arferech gael ' eirin duon bach,' ' falau surion bach,' mwyar duon, ' afan gochion ' ac ambell eithriad gwyrthiol o geiriosen unig ar eich ffordd i'r ysgol ; ac ar lawer bwlch yn y clawdd lle buoch yn ymladd cau yn erbyn rhyw hen ddafad groen-llom, ddidoriad, a neidiai dros bob camfa newydd i bigo blewyn glas yn yr ŷd neu'r gwair hadau. Erbyn cerdded hanner y filltir o'r dref yr ydych wedi cael amser i deithio'n ôl dros hanner eich bywyd. Yna, daw'r caeau sy'n rhan o'ch cynysgaeth, hwythau i'r golwg bob yn un ac un, a'u hanes diwethaf i gyd yn amlwg yn eu ' rhychiau ' neu yn eu grynnau,—Cae Camer Fach yn nesaf atoch, a'i wair hydiog, meillionog, yn tonni yn awel ysgafn yr hwyr ; Cae Canol a'i resi union—O mor union !—o datws a maip, yn rhedeg ymaith am y cyntaf i fyny at y llechwedd fry ; Cae Min-ffordd yn cyd-gerdded yn hir gyda'r ffordd ac yn goleddu fel llen yr un fath â hithau, dan las trwchus ei geirch llydan.

Ac felly ymlaen nes dyfod at y lôn groes—lôn grôs a ddywedwn ni, cofier !—pryd y gwelwch am y tro cyntaf gip ar Gors Caron yn ei phen pellaf, lle y cyffwrdd â meys-ydd bychain Ystrad Meurig a Swyddffynnon. O'r braidd y gellwch weled y rhimyn gwyn, dolennog yn ei chanol, a elwir yn afon Teifi. Wedi ei gweld hi y mae'r rhannau nesaf atoch o'r Gors yn dyfod i'r golwg, fel y codwch wrth gamu cam ar ôl cam ; a'r golud o blu'r gweunydd a ddenodd lygad Syr Owen M. Edwards, yn ffwr gwyn dros erwau o dir mawnog, tywyll, di-serch, ac yn cuddio hen byllau a siglennydd, a wnaed gan ganrif ar ganrif o amaethwyr yr ardal wrth hel cynnud yno i geginau Tregaron a Swyddffynnon, Pont-rhyd-fendigaid, a Llangeitho, Llwynpiod a Llanbadarn Odwyn. Yno y tyf mewn rhysedd y casgliad rhyfeddaf o bethau—lili'r corsydd a berw dŵr mewn nant neu ddwy, ffa'r gors sydd yn feddyginiaeth at lawer clefyd ; ' llygoeron ' bychain, brithion fel wyau adar, ar ambell dwmpath bach sych na ŵyr neb ond plant glan y Gors amdanynt ; mwswm a migwyr, a sidan y gors, y byddai perchenogion gerddi bonheddig yn barod i roddi unrhyw beth andaynt.

Yno yr heigia amrywiaeth toreithiog o anifeiliaid—y neidr felenllwyd a chwytha fel ceiliagŵydd arnoch pan fydd y bladur wedi ei thorri yn ddau hanner, ' gwas y neidr ' a gyfyd ar ddieithr hynt oddi ar wyneb ffosydd llonydd ac a ddyry ddychryn i blant y dref, y llygod a ffy i fyny i'r ydlannoedd, a'r gwaddod a duria eu llwybr i'r meysydd, yr ysgyfarnog a ŵyr ei ffordd yn rhy dda i'r un ci gorau ei dilyn yn hir, y cornicyll a gyfyd ar ei edyn buan a llenwi'r holl ehangder â'i hudol alwad tanbaid, a'r afar wanwyn a leinw nosau Mawrth ac Ebrill â'r cryndod o lef aflafar, riddfannus, sy'n rhwygo'r awyr yn donnau sigledig, ac yn gyrru plant y trefi adre dan lefain at eu mamau.

Crwydro'r Cyfandir. W. Ambrose Bebb.

HON YW'R GORS

Hon yw'r gors a hudodd faharen i'w chrombil,
Ei braster sy'n pesgi'r llyffant, y chwilen a'r niwt,
Cegin y fadfall, a'r pethau na welir ei henwau
Yng Ngeiriadur Charles, na'r Beibl, na dim yn y byd.

Torrais ei gwallt â'r bladur dan haul y ffwrnais
Un Awst pan doddai'r menyn ar lawr y llaethdy,
A theimlo'i gwefusau yn llawcian, yn sugno fy nhraed
I'w choluddion llaith at y pethau nad ŷnt yn y Beibl.

Yng ngwahanglwyf y gors mae'r chwip yn ysgwyd ei llos-
gwrn,
Unwaith gwelais ei cheg yn llwythog o golyn,
Y gwynt yn ynfydu ar warth llyffetheiriau'r pibrwyn
A llygoden weddw yn llyfu ei hanner cynffon.

Unwaith yn namwain plentyndod chwythodd y corwynt
fy nghap,
Gwrandewais ar chwerthin y croenllac dan gryndod
migyrnau,
A phan fo hunllef y gwely yn wae a breuddwydion
'Rwyf 'nôl o hyd ar y gors lle mae'r galon yn cnocio.

Y gors a'i thrychfilod yn ddannedd a llygaid a chlustiau
Lle mae Lleuad yr Heliwr yn ffoi o'r tu arall heibio,
Yno mae grug y storom yn dangos eu peisiau cochlwyd,
A'r gawod yn dianc i'r crawcwellt o ddafn i ddafn.

Mae'r dŵr yn pecial yn seler y ffosil a'r larfa
Y dŵr sydd yn lladd ac yn deor ar dymhorau hen-ffasiwn,
Daw'r blynyddoedd i glustio'r dail a melynu'r adnodau,
Ond ni welais bopeth y gors rhwng cloriau fy Meibl.

Ffenestri a Cherddi Eraill. W. J. Gruffydd (Elerydd).

PLANNU PERTHI

'Roedd tir Y Llain ar y gors uchel
sydd ar y ffin rhwng Caron-is-Clawdd a Phadarn Odwyn
yn goleddu o'r Cae Top i lawr at Y Waun,
a thu hwnt i'r Cae Top 'roedd llannerch o goed duon—
pinwydd a ' larch ' tal—i dorri'r gwynt oer,
gwynt y gogledd.
Ac yna'r mân gaeau petryal
fel bwrdd chwarae draffts, neu gwilt-rhacs,
ac am bob un o'r caeau, berth.

'Y nhad a fu'n plannu'r perthi pella' o'r tŷ,—
perthi'r Cae Top a'r Cae Brwyn,—
a minnau'n grwt bach wrth ei sodlau
yn estyn iddo'r planhigion at ei law ;
tair draenen wen a ffawydden,
tair draenen wen a ffawydden yn eu tro ;
A'i draed e'n mesur rhyngddyn' nhw ar hyd pen y clawdd
a'u gwasgu nhw'n solet yn y chwâl bridd-a-chalch.
Yna'r weiro patrymus y tu maes iddyn' nhw—
Y pyst-tynnu sgwâr o bren deri di-risgl
Wedi'u sinco'n ddwfn i'r tir byw—
a minnau'n cael troi'r injan-weiro ar y post
tra fydde fe'n staplo,
a'r morthwyl yn canu'n fy nghlust dan y ffusto.
A minnau'n mentro ar y slei-bach
ddanfon telegram yn ôl tros y gwifrau tyn
i'r plant eraill y pen-draw i'r clawdd,
a nodyn y miwsig yn codi ei ' bitch '
wrth bob tro a rown i handlen yr hen injan-weiro.

'Nhatcu, meddai 'nhad, a blanasai'r Caeau Canol—
Cae Cwteri, Cae Polion, Cae Troi—
ond 'roedd cenedlaethau na wyddwn i ddim byd amdanyn
'nhw,
ond ôl gwaith eu dwylo ar y Cae Lloi a'r Cae Moch,
wedi plannu'r coed talgryf boncyffiog rownd y tŷ,—
a gosod eirin-pêr yma a thraw yn y perthi.

'Roedd llun mewn llyfr hanes yn yr ysgol
o'r Sgwâr Prydeinig yn yr Aifft,
(neu Affganistan neu'r India, efallai,
man a arferai fod yn goch ar y map, 'ta beth),
A rhes o gotiau coch ar eu boliau ar y llawr,
ail res y tu ôl iddi hi ar eu gliniau
a'r drydedd res ar ei throed,
a'r cwbl yn saethu anwariaid melyngroen ar feirch yn carlamu
a gwneud iddyn' nhw dynnu'n ddi-ffael i'r chwith ac i'r dde yn eu rhuthr,
heb allu torri trwy rengoedd di-syfl y sgwâr mewn un man.

A dyna fu'r perthi i mi fyth ar ôl hynny,
rhengoedd o ddewrion yn cadw'r gwynt a'r corwyntoedd
rhag cipio cnewllyn fy mod—caer fewnol fy Llain.
Ond nid anwariaid (er mor wyllt) ar feirch diadenydd
mo'r gwyntoedd, ond llengoedd o ysbrydion
yn codi, heb allu haltio yn eu rhyferthwy ysgubol,
yn grwn tros y perthi a thros frigau'r coed,
yn grwn tros Y Llain heb ysigo teilsen o'r to,
ac yna dri chae o dan y tŷ
yn disgyn trachefn i'r gors
i erlid y mwsog crin a gwlân y plu-gweunydd,
a'u plethu a'u clymu yn sownd yn y pibrwyn.

A dyna lle byddem ni'r plant
yn ddiogel mewn plet yn y clawdd tan y perthi
a'r crinddail yn gwrlid i'n cadw ni'n gynnes,
(fel plant bach y chwedl wedi i'r adar eu cuddio â dail.)
'Doedd yr awel oedd yn tricial trwy fonion y perthi
ddim yn ddigon i mhoelyd plu'r robin a'r dryw :
Ond uwch ben y perthi a'r coed, uwch ben y tŷ,
fry yn yr entrych, 'roedd y gwynt
yn twmlo'r cymylau, a'u goglais nes bo'u chwerthin gwyn
yn hysteria afreolus fel plant ar lawr cegin,
oni bydd gormod o'r chwarae'n troi'n chwithig yn sydyn
a gwynder y chwerthin yn cuchio, a duo,

a'r dagrau yn tasgu, a'r cymylau'n dianc
ar ras rhag y gwynt, rhag y goglais a'r twmlo,
yn dianc bendramwnwgl rhag pryfôc y gwynt—
y gwynt erlidus o'r tu allan i mi,
a minnau'n saff yn y plet yn y clawdd tan y dail
yn gwrando ei sŵn, y tu allan,
heb ddim byd yn digwydd y tu mewn i'r hyn wyf i
gan ofal a chrefft cenedlaethau fy nhadau
yn plannu eu perthi'n ddarbodus i'm cysgodi yn fy nydd,—
Dim—er imi fynnu a mynnu.

Sŵn y Gwynt sy'n Chwythu. J. Kitchener Davies.

RHAMANT SOAR Y MYNYDD

'Fuoch chwi erioed yn Soar y Mynydd? Os ydych yn amau dim neu'n methu â chofio, gallaf eich sicrhau na fuoch erioed yng ngolwg y lle. Oblegid nid oes ond un Soar y Mynydd, ac y mae'r daith a'r olygfa yn rhai i'w cofio. Ffordd ramantus yw'r ffordd yr elych i Soar!

Capel bach yn perthyn i'r Methodistiaid Calfinaidd ydyw Soar, a godwyd tua 1822. Saif ynghanol y mynydd-oedd rhwng Tregaron a Llanddewibrefi ar y naill du, ac Abergwesyn a Rhandirmwyn ar yr ochr arall. Dyma fro Twm Siôn Cati, a heb fod ymhell o'r fan, ceir ogof yn dwyn enw'r gŵr rhamantus hwnnw. Dros y mynyddoedd, heibio i'r lle y codwyd y capel bach, teithiai Williams Pantycelyn yn aml, a dywed traddodiad mai ar un o'r teithiau hyn, wrth ddringo llethr serth heb fod nepell oddi yma, y cyfansoddodd y pennill, ' Cul yw'r llwybr i mi gerdded '.

Bu adeg pan fu cynulleidfa Soar yn fwy nag ydyw yn awr,—cyn diboblogi'r ardal. Yn y dyddiau euraid hynny, cynhelid Gŵyl Bregethu yno. Deuai'r ' Hoelion Wyth ' i wasanaethu yn y cyfarfodydd hyn, a chan fod yr adeilad yn rhy fychan i gynnwys y gynulleidfa, pregethid ar y maes o flaen y capel. Bu hefyd fri ar Eisteddfod yno. Cynhaliwyd Ysgol Ddyddiol hefyd yn y llofft fach, a cheir olion yno heddiw; ond bellach, y mae'r Tŷ Capel yn wag, ac nid oes blentyn ysgol yn yr ardal. Y mae rhai beddau o flaen y Capel, a rhyfedd yw darllen argraff Saesneg ar y cerrig yng Nghladdfa Soar.

Adeilad bychan sgwâr pedairongl yw'r capel ei hun, a lle i ryw ychydig dros gant i eistedd ynddo. Saif y pulpud rhwng y ddau ddrws, ac ar y mur y tu ôl iddo, ceir yr adnod,—' Duw Cariad Yw '.

Hyd yn gymharol ddiweddar, deuai pob un i'r oedfa—y pregethwr a'i gynulleidfa—ar gefn poni. Yn wir, yr oedd yn rhan o'r ddefod i gludo'r pregethwr, yn ôl a blaen i gwrdd â'r trên, ar gefn yr anifail bach cartrefol hwn, ac y mae aml stori y gellid ei hadrodd am y teithiau hyn, ac ambell un hefyd na ellid ei hargraffu ! Ie, golygfa i'w chofio oedd gweld yr addolwyr yn cyrchu oedfa yn Soar, a'u gweld yn dychwelyd drachefn, pob un ar ei anifail ei hun, yn dringo'n igam-ogam dros y mynydd tua thre. Bellach daeth tro ar fyd, a gellwch deithio'n gysurus trwy bob tywydd mewn *Jeep* neu *Land Rover*. Fel rheol, cynhelir oedfa'r bore yn y Capel, a'r oedfa arall gan amlaf yng nghegin y fferm lle y lletyir y pregethwr. Daw aml i deithiwr, sy'n crwydro'r mynyddoedd, i oedfa'r bore yn Soar, ac weithiau trefnir taith ar y Sul gan ryw gwmni bach o bellteroedd gwlad.

A fuoch chwi yno ? Naddo ? Wel, ewch am dro, yn wir. Cymerwch y ffordd sy'n arwain o Dregaron i Abergwesyn : ewch yn eich blaen ar hyd Cwm Berwyn, heibio i'r Llyn hyd nes y dowch i Ffrwd Camddwr ; cedwch ar y dde, gan ddilyn yr afon Camddwr heibio i Maeslgas, a dowch i olwg Soar yn y man. Ar dywydd sych, gydag ychydig ofal, gellwch fynd yno mewn cerbyd. Cewch yno ymgolli yn hedd digyffro'r mynyddoedd, ac yfed o rin yr awelon iach, ac odid na ddaw arnoch awydd ymgrymu ac addoli, oblegid yno saif y capel bach i'ch atgofio o ryw sylweddau sy'n fwy oesol na'r bryniau ac yn fwy arhosol na'r mynyddoedd cedyrn.

Blodau'r Ffair. J. Melville Jones.

RHAI ARWYDDION TYWYDD

. . . . . .

Mae stôr o'r hen arwyddion hyn am y tywydd ar gael o hyd, ond 'rwy'n siwr bod yr arferiad o sylwi'n graffus ar natur o'n cwmpas (a siarad yn gyffredinol yn awr) yn araf ddiflannu. A thrueni mawr yw hyn. Fe fydd yr arwyddion hyn yn amrywio mewn gwahanol ardaloedd. Dibynna hynny ryw gymaint ar leoliad yr ardal—ei ffurf a'i huchder, er enghraifft, neu'i hagosrwydd at y môr wedyn. Penderfynir natur yr arwyddion sy' wedi dod yn eiddo i drigolion ardal felly yn aml iawn gan gymeriad yr ardal ei hun. Fe fydd y rhai y ca'i sôn amdanyn-nhw yn y sgwrs hon yn gyffredin i ardaloedd glannau môr Ceredigion a'u dyffrynnoedd, a'r bryniau cyfagos o'r tu ôl. Wrth edrych allan dros Fae Ceredigion 'roedd pentir y Cei Newydd tua'r de a braich Llŷn i'r gogledd yn llawn o arwyddion i ni. Mae'n debyg y bydd eraill yn gyffredin i lawer cymdogaeth yng Nghymru, ac y byddwch chwithe'n gwybod am lawer na wn i ddim amdanyn-nhw.

Bydd yn weddol hwylus i ddosbarthu'n fras yr hen arwyddion hyn i ryw bedair adran. Dyna'n gyntaf, y rhag-argoelion a welir yn yr awyr, wedyn, mewn natur o gwmpas. Yna'n drydydd, ymhlith adar ac anifeiliaid o bob math, ac yn olaf y rhai a glywir yn y corff ei hun. Codi a machlud haul a chyfeiriad y gwynt yw'r arwyddion mwyaf cyffredin a chyfarwydd y sylwn ni arnyn-nhw yn yr awyr. Gellir dibynnu am dywydd braf os bydd yr haul yn machlud yn goch, ac fel arall os gwelir y cochni yn y dwyrain yn y bore. Mae gan y Saeson rigwm am hyn :

> Red sky at night, shepherd's delight,—
> Red sky in the morning, shepherd's warning.

Mae amryw o'r hen goelion hyn yn wrth-gyferbyniol fel yna i'w gilydd. Clywais ddweud hefyd, wn i a oes gwir yn hynny, bod llawer mwy o arwyddion tywydd gwlyb nag o dywydd sych. Tybed a oedd dynion yn pryderu mwy pan fyddai'n argoeli glaw ac felly yn chwilio mwy am arwyddion a fyddai'n debyg o ddangos hynny ! Dyma arwyddion eraill o dywydd gwlyb,—y sêr yn graddol ddiflannu fel mewn niwl tenau ychydig ar ôl iddi dywyllu, neu fel y dwedai'r hen bobl, y sêr yn ' boddi.'

Bydd yr haul a'r lleuad hefyd yn ymddangos fel hynny weithiau, a rhyw olwg glafaidd, hanner-iach 'ma arnyn nhw. Fe sylwid hefyd bod tywydd gwlyb gan amlaf yn debyg o ddilyn os byddai'r haul yn disgleirio'n rhy danbaid gyda'r nos ac yn llenwi'r awyr â rhyw liw melyn-olau, neu os gwelid un cwmwl bychan, du yn teithio dros gefndir o gymylau goleuach. Ambell dro hefyd pan fydd yr haul neu'r lleuad yn pylu neu'n boddi, fel y crybwyllwyd, gwelir cylch eang yn ymffurfio amdanyn-nhw, cylch felen fawr,—os felly, arwydda hyn wynt stormus yn ogystal â glaw. Ac o sôn am y gwynt, un o'r arwyddion sicraf oedd y cyfeiriad y chwythai ohono. O'r de-orllewin, glaw—ie, glaw di-stop—digon i godi calon pysgotwr Awst yn y nentydd er ei fod yn esgus bod ar ei wyliau, ond glaw digon i dorri calon yr amaethwr a'i gae ŷd yn edrych o draw fel talcen tarw. Ie, os byddai'r gwynt o gyfeiriad y Cei Newydd neu ' dwll y glaw ' fel y galwem ef, a'r tai a hyd yn oed y ffenestri i'w gweld mor glir nes medru eu cyfri, yna gwae ni am rai dyddiau. Ond arwydd da ydoedd gweld y tir tua'r gogledd yn glir. Os gwelid bannau'r Eryri, ac mi wn ei bod hi'n bosibl gweld yr Wyddfa ar ddiwrnod eithriadol o glir o draeth Aberteifi, yna gellid disgwyl, nid am ddiwrnod neu ddau, ond wythnos neu ragor o dywydd sych.

Byddai gweld mwg yn esgyn i'r awyr yn golofn union, clywed sŵn trên yn chwibanu'n glir o gyfeiriad y gogledd neu weld haen denau o des glas-dywyll yn gorchuddio'r bryniau yn y pellter,—byddai'r rhain i gyd yn arwyddo tywydd hafaidd. Ac yn awr, dyma rai argoelion o law a welir ym myd natur o'ch cwmpas ond sylwi'n fanwl : wyneb y môr yn llwyd a chynhyrfus yn agos i'r lan, yr awyr yn drwm a llethol, y dŵr yn cilio, gwynt mawr yn chwythu'n gryf a chodi llwch, a llawr y tŷ'n sychu'n fuan ar ôl ei olchi. Nid arwydd da chwaith yw gweld dail y coed yn cael eu chwythu i'r gwrthwyneb allan a chwithau'n gweld y gwyrdd goleuach otanodd. Clywais lawer o ddysgu a dweud ar y pennill bach hwn ers lawer dydd :

> Niwl o'r môr, glaw ar ei ôl,
> Niwl o'r mynydd, tes i'r glennydd.

Ond yn ôl y rhigwm nesaf yma, mae'n amlwg bod yna ambell beth na ellid dibynnu'n rhy lwyr arno :

> Mae'r chwilen bwm yn canu,
> Gwna dywydd teg yfory ;
> Ond peidiwch gwneud coel ar chwilen y bwm,
> Dichon y gwna law serch hynny.

Cynnil iawn ynte,—rhyw liniaru tipyn ar siom ymlaen llaw, fel tae . . .

Llafar. J. M. Edwards.

TACHWEDD

Mae lluoedd y Gorllewin coch
Yn paratoi'u byddinoedd croch,
A'r Dwyrain du y gynnau mawr—
Bydd tanio unrhyw funud 'nawr.

Mae'r deri cryf â'u cotiau i lawr
Yn barod i'r ymladdfa fawr,
A phenderfyna gallt Blaen-cwm
Sefyll ei thir pan gano'r drwm.

Hen fetrans llawer sgarmes gynt,
Cynefin gad y glaw a'r gwynt ;
Siglant fel meddwon yn eu hwyl,
A'r brain uwchben yn porthi'r ŵyl.

Ysigir braich a chollir gwaed,
Ond deil pob milwr ar ei draed ;
Gwyn fyd a drigo yn y cwm
I wylio'r drin pan alwo'r drwm !

Cerddi Isfoel. Isfoel.

TRESAITH

A fuost ti ar greigiau
  Ysgythrog, briw Tresaith,
A'th sodlau yno'n gadarn
  Yn herio'r tonnau maith,
A heli'r môr yn ewyn
  Yn golchi d'wyneb di,
A thithau'n rhu y tonnau
  Yn uno yn eu cri
Â gwynias angerdd eirias,
  A'th drem ar wyrddlas baith
Yn gwylio'r cesyg gwynion
  Yn gyrru'u carlam llaith
Ar draws dy gaer ysgythrog
  A murddyn llwyd y graig,
Ac arnynt ellyll forwyr
  Am gipio'r gaer i'r aig,
A'u lledrith leisiau'n dolef
  Yn gôr ym merw'r lli,
A'r gilfach yn atseinio
  I'w gwyllt, ryfelgar gri ?

Tannau Teifi. Leslie Harries.

Y MÔR

Aflonydd a diflino—ydwyd fôr
  Dwed a fu it geisio
  Argel draeth ryw ddirgel dro
  Am ennyd i drwm huno ?

Awen Aberteifi. David Phillips.

RHOS HELYG

Lle bu gardd, lle bu harddwch,
Gwelaf lain, â'i drain yn drwch.
A garw a brwynog weryd,
Heb ei âr, a heb ei ŷd.

A thristwch ddaeth i'r rhostir—
Difrifwch i'w harddwch hir ;
Ei wisgo â brwyn a hesg brau,
Neu wyllt grinwellt y grynnau,
Darnio ei hardd, gadarn ynn,
A difetha'i glyd fwthyn !

Rhos Helyg, heb wres aelwyd !
Heb faes ir, ond lleindir llwyd,
A gwelw waun, unig lonydd,
Heb sawr y gwair, heb si'r gwŷdd.

Eto hardd wyt ti o hyd
A'th oer a diffrwyth weryd,
Mae'n dy laith a diffaith dir
Hyfrydwch nas difrodir—

Si dy nant ar ddistaw nos,
A dwfn osteg dy hafnos,
Aml liwiau'r gwamal ewyn,
Neu lwyd gors dan flodau gwyn,
A'r mwynder hwnnw a erys
Yn nhir llwm y mawn a'r llus.

O'th fro noeth, a'th firain hwyr,
O'th druan egwan fagwyr,
O'th lyn, a'th redyn, a'th rug,
Eilwaith, mi gaf, Ros Helyg,
Ddiddanwch dy harddwch hen
Mewn niwl, neu storm, neu heulwen.

Eto, mi glywaf ateb
Y grisial li o'r gors wleb
I gŵyn y galon a gâr—
Hedd diddiwedd dy ddaear.

Beirdd ein Canrif. B. T. Hopkins.

CWYMP FFYNNON-BEDR

'Does gofio heno hanes—y Ffynnon,
Na'i ffyniant, na'i mawrlles ;
Bu frwd haf, bu hyfryd des,
Mawrhydri yma a rhodres.

Taw cainc yr ifainc wyryfon ;—miwsig
A maswedd y meibion ;
Ni rodia mwyn gariadon
Na merch mwy'n y lannerch lon.

I'r llwch aeth pan daeth ei dydd—a darfu
Ei dirfawr lawenydd ;
Y ddylluan fudan fydd
Yn gori'n ei magwyrydd.

Troir ei chain lydain aelwydau—'n erddi,
A gwyrddion weirgloddiau ;
A mynych yr ŷch o'r iau
Bawr lawr ei gwych barlyrau.

Telyn Dewi. David Davis.

YSTRAD FFLUR

Wrth feini llwyd y porth a fu'n llydan
Bob tro 'rwy'n cofio ei mawredd cyfan ;

A chofio'r mynach a fu i'r meini,
Ei lyfr, ei waddol, ei Fair, a'i weddi.

I ludded ei faes o wledd defosiwn
Rhodiai â'i fendith ar dwf ei wndwn.

Bu'n lle o heddwch i boen a lludded ;
Hyder y galon oedd draw ei gweled.

Heb iddo sêl i fod mwy'n rhyfelwr
Abaty mawl oedd ysbyty milwr.

Bu'n gartref i'r hen yn eu trueni,
A thaer ei aidd y dôi'r crythor iddi.

A bu i deyrn rhag y byd a'i wyrni
Dawel Afallon wrth afon Teifi.

Ystrad Fflur, os yw briw dy furiau,
Molaf lan heddwch mil o flynyddau ;

A thry hiraeth i'r erwau, oherwydd
Cysegredigrwydd cwsg oer a dagrau.

Cerddi Ffair Rhos. Evan Jenkins.

SIR BENFRO

SIR BENFRO

I'r cynfyd y camwn wrth groesi'r ffin i Sir Benfro,
Sir carreg ogam a chromlech a charn a chroes ;
Ac ar ffermydd yn gyffredin codwyd, wrth aredig, o'r pridd
hen feini
A'u gosod i sefyll ar gaeau yn dyst i'r gyntefig oes.

Wrth rodio ar lannerch a dyfod ar draws twmpath braidd
na ddisgwyliwn
Weled rhyw Bwyll yn erlid Rhiannon yn ffôl o fud :
A disgwyl gweled y wlad, y dynion, y tai a'r anifeiliaid
Yn diflannu yn sydyn trwy dwrf y niwloedd hud.

Mewn cilfach ar lan y môr rhwng y creigiau a'u haenau
cynoesol
Gwelwn sant yn cychwyn mewn cwch i Iwerddon neu Al:
A chlywed rhwng cerrig rhyw garn ar foelydd y Preseli
Y Twrch Trwyth a'i berchyll yn rhochian ar eu gwâl.

Tawelwch Tyddewi sydd wedi ei buro a'i santeiddio trwy'r
canrifoedd
Fel mai cabledd ynddi yw awyren, modur a thrên ;
A bendithiwn Dduw am y fraint o gael Ei Efengyl yng
Nghymru
Mor syfrdanol o gyfoes a hefyd mor hynafol o hen.

Gwreiddiau. D. Gwenallt Jones.

Y FILLTIR DEG

. . . .

Anodd gennyf gredu bod milltir decach yng Nghymru deg na'r filltir sy'n dirwyn gyda glan Teifi o sticil Pont Llechryd i Gastell Cilgerran, na distawrwydd dyfnach. Nid oes dim i dorri ar y tawelwch ond si tawel y dŵr, ac nid torri arno a wna hwnnw, ond yn hytrach ei ddwysáu a rhoi rhyw deimlad sidanaidd iddo.

Dwywaith yn unig y torrwyd mewn gwirionedd ar y distawrwydd. Pan gododd dwy hwyaden wyllt o'r geulan dan fy nhroed, a ffwrdd â hwy mor swnfawr os nad mor lluniaidd â dwy awyrlong : a phan dybiwn yn nes ymlaen fod Teifi dawel wedi colli arni ei hunan gan gymaint ei thwrf. Methwn ddaell y sŵn, oherwydd nid oedd crychni yn unman ar wyneb y dyfroedd : ond daeth esboniad pan welais ryw damaid o gornant yn rhuthro drwy'r coed ar y lan arall ac yn arllwys ei hychydig gwpaneidiau o ddŵr i'r afon. Nid ydwyf yn mynd i enwi'r ddau ŵr y cofiais amdanynt wrth weld llyfnder didwrw'r afon a chyffro trystfawr y gornant !

Ymlaen â mi'n hamddenol drwy'r coed : ymlaen tua chyfeiriad Cilgerran, ac, ar ran fy meddwl a'm breuddwydion, yn ôl at hanes bore'r hen Gymry yn Nyfed. Yr oeddwn ymhlith pethau nas newidir gyda threigl amser : mynydd, coed, ac afon. Ar hyd y llwybr hwn y cerddodd fy nghyndeidiau â'u clust yn fain i glywed pob sŵn o'r coed, a'u llygaid yn chwilio am gyfoeth dyfnder yr afon. Ac, fel pe bai fy mreuddwyd wedi ymgnawdoli'n sydyn, wele ŵr yn gwasgu drwy'r prysgwydd â'i gwrwgl ar ei gefn. Am hanner eiliad fe'm cefais fy hunan yn holi a oedd yn debyg ei fod ef, ddeiliad y canrifoedd cynnar, yn gyfarwydd â'n Cymraeg ni heddiw : ond fe ddeffroais mewn pryd i'w gyfarch ac i gael gair ganddo. Er bod cwrwgl ar ei gefn, Cymro heddiw ydoedd, a Chymro digon byw hefyd. Wrth fynd yn fy mlaen gwelais ragor o'r cychod duon yn dawnsio'n ddau a dau ar wyneb y dwfr.

A dyma ichwi garreg-filltir ! Dyma aruthredd Castell Cilgerran, yn ei harglwyddiaethu hi, nid trwy falchder ac ymffrost trais, ond megis o ddwyfol hawl, dros wlad gyfan. Gwelswn yr olygfa eisoes drwy lygad Turner a Wilson, ond gwell oedd gennyf edrych ar y castell fel hyn â'm llygad noeth fy hunan. Milltir ddywedais i ? A minnau wedi bod yn ôl gyda'r Celt breuddwydiol â'i gwrwgl ar ei gefn, wedi sefyll yn bennoeth ger muriau Castell Maelgwyn, ac yn awr yn syllu ar y Norman glew yn sefyll yn gadarn arfog i wylio na lithra'r un gelyn ddyn dros lyfnder Teifi i ddwyn yr erwau breision o'i law.

Y Filltir Deg. Wil Ifan.

PWLLDERI

. . . .

'Rown i'n ishte dŵe uwchben Pwllderi,
Hen gatre'r eryr a'r arth a'r bwci.
'Sda'r dinion taliedd fan co'n y dre
Ddim un llefeleth mor wyllt yw'r lle.
'All ffrwlyn y cownter a'r brethin ffansi
Ddim cadw'i drâd uwchben Pwllderi.

'Ry'ch chi'n sefyll fry uwchben y dwnshwn,
A drichid lawr i hen grochon dwfwn,
A hwnnw'n berwi rhwng creige llwydon
Fel stwceidi o lâth neu olchon sebon.
Ma' meddwl amdano'r finid hon
Yn hala rhyw isgrid trwy fy mron.

Pert iawn yw'i wishgodd yr amser hyn,—
Yr eithin yn felyn, a'r drisi'n wyn,
A'r blode trâd brain yn batshe mowron
Ar lechwedd gwyrdd fel cwmwle gleishon ;
A lle ma'r gwrug ar y graig yn bwnge,
Fe dingech fod rhywun yn tanu'r llethre.

Yr haf fu ino, fel angel ewn,
A baich o ribane ar ei gewn.
Dim ond fe fuse'n ddigon hâl
I wasto'i gifoth ar le mor wâl,
A sportan wrth hala'r hen gropin eithin
I allwish sofrins lawr dros y dibin.
Fe bange hen gibidd, a falle foddi
Tae *e'n* gweld hinny uwchben Pwllderi.

Mae ino ryw bishin bach o drâth,—
Beth all e' fod ? Rhyw drigen llâth.
Mae ino dŵad, ond nid rhyw bŵer,
A hwnnw'n gowir fel hanner llŵer ;
Ac fe welwch ino'r crechi glâs
Yn saco'i big i'r pwlle bâs,
A chered bant ar 'i fagle hir
Mor rhonc, bob whithrin, â mishtir tir ;
Ond weles i ddim *dyn* eriŵed
Yn gadel ino ôl 'i drŵed ;
Ond ma'n nhw'n gweid 'i fod e', Dai Beca,
Yn mentro lawr 'na weithe i wreca.
Ma'n rhaid fod gidag e' drâd gafar,
Neu lwybir ciwt trwy fola'r ddeiar.
Taw'n *i'n* gweld rhywun yn Pwllderi,
Fe redwn gatre pentigili.

Cewch ino ryw filodd o dderinod,—
Gwilanod, cirillod a chornicillod ;
Ac mor ombeidus o fowr yw'r creige
A'r hen drwyn hagar lle ma' nhw'n heide,
Fe allech wrio taw clêrs sy'n hedfan
Yn ddifal o bwti rhyw hen garan ;
A gallech dingi, o'r gribin uwchben,
Taw giar fach yr haf yw'r wilan wen . . .

Cerddi'r Bwthyn. Dewi Emrys.

PRESELI

Mur fy mebyd, Foel Drigarn, Carn Gyfrwy, Tal Mynydd,
Wrth fy nghefn ym mhob annibyniaeth barn.
A'm llawr o'r Witwg i'r Wern ac i lawr i'r Efail
Lle tasgodd y gwreichion sydd yn hŷn na harn.

Ac ar glosydd, ar aelwydydd fy mhobl—
Hil y gwynt a'r glaw a'r niwl a'r gelaets a'r grug,
Yn ymgodymu â daear ac wybren ac yn cario
Ac yn estyn yr haul i'r plant, o'u plyg.

Cof ar arwydd, medel ar lethr eu cymydog.
Pedair gwanaf o'r ceirch yn cwympo i'w cais,
Ac un cwrs cyflym, ac wrth laesu eu cefnau
Chwarddiad cawraidd i'r cwmwl, un llef pedwar llais.

Fy Nghymru, a bro brawdoliaeth, fy nghri, fy nghrefydd,
Unig falm i fyd, ei chenhadaeth, ei her,
Perl yr anfeidrol awr yn wystl gan amser,
Gobaith yr yrfa faith ar y drofa fer.

Hon oedd fy ffenestr, y cynaeafu a'r cneifio.
Mi welais drefn yn fy mhalas draw.
Mae rhu, mae rhaib drwy'r fforest ddiffenestr.
Cadwn y mur rhag y bwystfil, cadwn y ffynnon rhag y baw.

Waldo Williams.

Dail Pren.

TYDDEWI

Y mae pen y daith yn y golwg yn awr, ac er bod dwy awyren yn rhuo uwchben, yr ydym ar drothwy un o'r pentrefi tawelaf yng Nghymru, TYDDEWI. Pentref? Na, y mae gan y lle hwn yr hawl i'w alw'n ddinas, ac ni warafunwn yr hawl am eiliad, gan fod y peth a gollwn ym merw mwg a masnach llawer dinas arall, ar gael yma. Erys y rhodfeydd sy'n arwain i'r canolfan yn gysegredig o dawel ac y mae'r awelon yn sanctaidd-hallt. Gall y ddinas fechan ein taro ar yr olwg gyntaf fel lle dibwys iawn, a chofiwn fod John Wesley wedi disgrifio'r pentref yn y flwyddyn 1781 fel ' lle diflas.' ' Ni welais yma,' meddai, ' ond un cartref goddefol o dda. Cutiau truenus oedd y tai eraill. Nid wyf yn cofio imi weld tref mor dlawd hyd yn oed yn Iwerddon.' Ni ddylem orddifrifoli geiriau Wesley, oblegid dengys ei ddyddiadur mai ym mhlasau'r sir y lletyai ef ar ei deithiau a diau iddo edrych ar fythynnod Tyddewi trwy ffenestri Trecŵn a Llwyn-gwair.

Gwelwn yma heddiw dai glân mewn bro lle y mae henaint yn harddwch, ac yn y pant islaw'r tai y cuddia'r Eglwys Gadeiriol ryfeddaf yng Nghymru. Dyma gwmwd cyfaredd hanesion yr hen oesoedd. Dim ond copa'r tŵr llwyd sy'n y golwg ar y cychwyn a rhaid cerdded trwy'r heol gul a disgyn dros ddeugain namyn un o risiau cyn cyrraedd y seintwar—rhoddwyd gris am bob un o erthyglau Credo'r Eglwys o dan ein traed yma. Lluniwyd yr eglwys gyntaf yn y chweched ganrif, eithr llosgwyd yr adeilad hwnnw gan y Daniaid yn 1087. Ailgodwyd yr eglwys ar ôl hyn a cheir darnau gwych o'r adeiladau a welwn yma heddiw yn perthyn i'r drydedd ganrif ar ddeg, yr unfed ganrif ar bymtheg a'r bedwaredd ganrif ar bymtheg. Ychwanegodd y naill ganrif ar ôl y llall rywbeth at grefft a chelfyddyd yr eglwys hon. Rhoddodd Rhufain ei sêl ar bererindodau i'r seintwar yma yn y ddeuddegfed ganrif gan ordeinio bod dwy bererindod i Dyddewi gyfwerth ag un i Rufain. A heddiw try pob gwibdaith bleser yn bererindod yng nghyffiniau Tyddewi.

Safwn eiliad uwchben y grisiau cyn disgyn trwy'r fynwent dawel i'r cysegr tawelach, a synnu wrth edrych ar yr adeilad, a chofio mai tair ceiniog y dydd oedd hur y labrwr a fu'n chwysu wrth y muriau hyn yn y flwyddyn 1334. Na feier neb am gredu mai cynnyrch caledi yw celfyddyd ! Y mae'r cerrig lleol o'r ardal a ddefnyddiwyd gyntaf yn y muriau llwyd yn cuddio crefftwaith rhagorach, a gwelwn y tu fewn i'r eglwys olion celfyddyd ysblennydd yr oesoedd mewn coed a maen. Ar un darn o'r nenfwd yng nghorff yr eglwys gwelwn dderi o Iwerddon, a osodwyd yno yn yr unfed ganrif ar bymtheg. Nid ar un bererindod y mae gweld popeth yma. Dywedir bod esgyrn Dewi Sant yma mewn cist, a cheir bedd Edmwnd Tudur, tad Harri'r Seithfed, a'r Arglwydd Rhys yma hefyd. Ac onid yma y gorwedd llwch Gerallt Gymro, y gŵr cyntaf i ysgrifennu ' llyfr crwydro '? Yn ymyl yr eglwys y saif adfeilion Coleg y Santes Fair a ffurfiwyd yn 1365, ac fe dâl inni groesi'r afon fach a cherdded i gyfeiriad hen Blas yr Esgob. Cyfrifid hwn unwaith yn un o'r adeiladau gwychaf ym Mhrydain, a bu'n lloches droeon i frenhinoedd a phererinion ar eu ffordd i Iwerddon.

Crwydro Sir Benfro. E. Llwyd Williams.

Y MAN HYFRYTAF

Ond ryw dair milltir i ffwrdd oddi wrth Gastell Penfro, y mae'r castell a elwir Maenor Bŷr, hynny yw, Trigfa Pŷr, y gŵr a feddai hefyd *Caldey Island*, yr hon a eilw'r Cymry Ynys Bŷr, hynny yw, Ynys Pŷr. Saif y castell hwn, sydd yn odidog ei dyrau a'i ragfuriau, ar gopa bryn arbennig, a ymestyn, ar du'r gorllewin iddo, tua phorth y môr ; ar du'r deau a'r gogledd y mae iddo, yn union tan ei furiau, bysgodlyn rhagorol sydd yr un mor nodedig am ei odidowgrwydd ei hun ag am ddyfnder ei ddyfroedd ; ar yr un tu y mae hefyd berllan brydferth iawn, a amgaeir ar y naill law gan goedlan, ac ar y llall gan lannerch enwog am ddaneddogrwydd ei chreigiau, a hefyd am dalfra ei choed cyll. Ond ar yr ochr ddeau i'r penrhyn y saif y castell arno, hynny yw, rhwng y castell a'r eglwys, ger y lle y gorwedd llyn eang iawn, ac y saif melin, y mae'n llifo trwy ddyffryn a wneir yn dywodlyd gan rym y gwyntoedd, afon nad yw ei thonnau byth yn methu. Ar du'r gorllewin y mae Môr Hafren, sydd bellach ar fin troi'n Fôr Iwerddon, yn llifo i mewn yn gulfor dolennog heb fod ymhell o'r castell ; gyda'r graig ar du'r deau, petai'n ymestyn ychydig yn fwy i'r gogledd, yn gwneuthur porth addas i dderbyn llongau. O'r ddisgwylfa hon, ynteu, gelli weled bron yr holl longau, a chwyth gwynt y dwyrain o Brydain Fawr i Iwerddon, yn mentro'n hy oriowgrwydd dychrynllyd y gwyntoedd a chynddaredd gwyllt a dall y morynnau. Gwlad gynhyrchiol mewn gwenith, gyda chyflenwad helaeth o bysgod y môr, ac o win prŷn ; a'r hyn sydd yn well na'r cyfan, wedi ei thymheru, oherwydd ei hagosrwydd at Iwerddon, â iachusrwydd awyr.

O holl diroedd Cymru i gyd, ynteu, Dyfed, a gynnwys saith gantref, yw'r brydferthaf, a'r mwyaf dewisol oll ; ac o Ddyfed, Penfro ; ac o Benfro, y wlad a ddisgrifiwyd uchod. Y mae'n dilyn, gan hynny, mai'r man hwn yw'r hyfrytaf oll o Gymru i gyd.

Nid yw i'w ryfeddu, felly, nac yn annheilwng o'i esgusodi, os canmolodd yr awdur mewn ymadroddion anghymedrol o fawl, dir ei enedigaeth, ac ardal ei fagwraeth.

Y Daith Trwy Gymru Gerallt Gymro.
(*cyf. Thomas Jones*).

EGLWYS FAIR, HWLFFORDD

Dringwn y llechwedd. Ymhen ychydig, ar yr aswy dyma'r Neuadd Sir, ar y llecyn lle bu unwaith Dŷ Cwrdd a mynwent y Crynwyr. Ychydig yn is na phen y bryn, ar y llaw dde, y mae adeilad godidocaf Hwlffordd heddiw, sef Eglwys Fair. A dyma'n wir galon yr hen dref, oblegid 'Eglwys y Dre' yn bendifaddau oedd hi. Mewn ystafell uwchben porth gogleddol yr hen eglwys (nid yw'r ystafell yno yn awr), y cyfarfyddai Cyngor y 'Town and County of Haverfordwest,' ac yr oedd gan y swyddogaeth a'r aldramoniaid hawl i feddrod dan balmant yr eglwys ; gerllaw iddi yr oedd y Cwndid cyhoeddus—ac onid ewyllysiech yfed y dŵr o hwnnw, yr oedd yno ddigonedd o dafarnau'n amgylchynu'r lle. Yn y fynwent ei hun yr oedd marchnad y dref, ac ar ei chwr yr oedd siopau a berthynai i'r eglwys.

O'r tu allan, heb sylwi'n rhy ofalus, gallai'r ymwelydd dybio mai i'r bymthegfed ganrif y perthyn Eglwys Fair, ond o graffu ar rai o'r ffenestri, ac yn fwy fyth wedi mynd i mewn i'r eglwys, fe welir ei bod hi gryn ddwy ganrif yn hŷn na hynny. Ysblander o'r tu allan, prydferthwch o'r tu fewn. Yr hyn sy'n taro'r llygad wrth ddringo'r bryn ydyw'r muriau castellog, y ffenestri llydain yn yr ochrau, y to gwastad. Ond oddi mewn, canfyddir pethau harddach a gwell. Gwaith ' pigfain,' o'r cyfnodau Gothig cynnar, a welir yno—yr hyn a eilw ein cymdogion, o'u hunan-dyb ddiniwed arferol, yn ' Early English,' er nad yw'n rhyw hynod ' early,' nac yn ' English ' o gwbl, ond yn hytrach yn ' Ffrengig ffrwyth ', ys dywedodd yr hen Iolo Goch. Pur ychydig sydd gennym o'r gwaith hwn yng Nghymru, fel y digwydd : rhywfaint ohono yn Nhyddewi a Llandaf, cronfa fwy nag arfer yn nhref Aberhonddu, ychydig bach yn y Gogledd—yn Llanaber, ym Meddgelert, yng Nghonwy. Ac mi gredaf mai yn Eglwys Fair yn Hwlffordd y gwelir ef ar ei orau yng Nghymru. Y mae ffenestri ' lansed ' y ddau dalcen a'r gangell yn wych. Ond godidowgrwydd yr eglwys yw pileri a bwâu yr ystlys aswy a ' bwa mawr ' y gangell : pob piler a bwa wedi ei wisgo—ei orchuddio—ag ysgub o golofnau meinon mirain ; ac ar gapanau'r colofnau hynny y mae'r cerfio ceinaf *ar faen* yng Nghymru—nid yr hynaf, na'r cryfaf, na'r mwyaf diddorol efallai, ond yn bur sicr y prydferthaf. Nid oes amser i ymdroi gyda rhagoriaethau eraill Eglwys Fair. Ond y mae ynddi un peth na ddylid ac na ellir ei basio'n ddisylw, sef carreg fedd Syr John Philipps o gastell Pictwn, cefn yr Ysgolion Elusennol Cymreig, cyfaill a noddwr Gruffydd Jones, Llanddowror.

Casglu Ffyrdd. R. T. Jenkins.

HUD AR DDYFED

A dechreu gwledd a wnaethant yn Arberth, canys prif lys oedd, ac ohono y dechreuid pob anrhydedd. A gwedi'r bwyta cyntaf y nos honno, tra fai'r gwasanaethwyr yn bwyta, cyfodi allan a wnaethant, a chyrchu Gorsedd Arberth a wnaethant ill pedwar, a gosgordd gyda hwynt. Ac fel y byddent yn eistedd felly, dyma dwrf, a chan faint y twrf, dyma gawod o niwl yn dyfod hyd na chanfyddai'r un ohonynt ei gilydd. Ac yn ôl y niwl, dyma yn goleuhau pob lle. A phan edrychasant y ffordd y gwelent y preiddiau a'r anifeiliaid a'r tai annedd cyn hynny, ni welent neb rhyw ddim, na thŷ nac anifail na mwg na thân na dyn na chyfannedd, oddieithr tai'r llys yn wag ddiffaith anghyfanedd, heb ddyn, heb anifail ynddynt ; eu cymdeithion eu hun wedi eu colli, heb wybod dim oddi wrthynt, ond hwy ill pedwar.

Y Mabinogion (cyfaddasiad T. H. Parry-Williams).

DYFED

Beth bynnag am hyn ac am bethau eraill ynglŷn â Dyfed, y peth rhyfeddaf i mi yw fy mod bob amser bron wrth ymweld â'r fro yn byw mewn awyrgylch gwahanol rywsut. Y mae'r wlad fel petai'n codi i'm pen : nid wyf yn gallu ei dal yn dda iawn. Yr oeddwn yn llwyddo y troeon cyntaf i ddyfod o hyd i'r priffyrdd a'r croesffyrdd, yn y cerbyd, ac i wybod fy mhwyntiau cwmpawd yn weddol sicr ; ond wedi mynd i aros eleni i berfeddion gogledd y rhanbarth, mi gollais arni yn llwyr. Mewn rheithordy yn y wlad yr arhoswn, ac i mi, pan gyrhaeddais yno, yr oedd y tŷ hwn yn wynebu'r dwyrain, ond fe'm sicrhawyd yn bendant gan y rheithor, a ddylai fod yn gwybod ac a oedd yn gwybod, wrth gwrs (er ei fod wedi dweud wrthyf ei hun ar sail ei brofiad personol fod 'pethau rhyfedd yn digwydd yn y wlad,') mai i'r gorllewin, neu ychydig nes i'r de-orllewin, yr wynebai. Bûm yn eistedd yn un o ystafell-oedd y tŷ, a amgylchynid gan goed, i geisio dyfod o hyd i'm 'berins' neu fy nghyfeiriadwedd, ond yn hollol ofer. Ni allwn goelio gair y clerigwr hyd yn oed mai i'r gorllewin yr wynebai'r tŷ. Yr oeddid yn cael hwyl fawr am fy mhen, ond yr oeddwn i fy hun o ddifrif. Bûm felly mewn pen-bleth cyfeiriadol am ddyddiau. Pan fyddwn yn digwydd bod yn Aber-gwaun, dyweder, mi wyddwn yn iawn ym mha gyfeiriad yr oedd Mathry, Tyddewi, Hwlffordd a phob lle arall o bwys; ond wedi mynd hyd aml 'feidr' berthog a throellog yn ôl i'r pentref a'r rheithordy, mi fyddwn yn llawn mor dwp, yn gyfeiriadol.

Tra oeddwn yn aros yno, bûm rai nosweithiau yn hela gyda gwn ar dir fferm gyfagos—er bod ei chyfeiriad, mewn perthynas â'r rheithordy, yn hollol anghywir gennyf, meddir. Y noswaith gyntaf aeth y ffermwr caredig â mi hyd y caeau gydag ochrau'r gwrychoedd a thros gam-feydd ac ati-hi, i mi gael deall 'ansawdd y wlad'. Ar rostir gwastad, go fawr, a hwnnw wedi ei orchuddio gan fân rug (neu 'wrig,' fel ydyw edir yno), yr oedd maen enfawr, hen fonolith tal, cyntefig. Fe adroddodd y ffermwr hynny o 'hanes' a oedd iddo, yn ôl y bobl oedd yn 'gwybod am ryw bethau felly.' Nid euthum at ymyl y maen-hir hwn y noswaith honno: yr oedd cwningod a phethau diweddar felly yn dwyn fy mryd ar y pryd. Yr ail noswaith mi euthum hyd y caeau ar fy liwt fy hun, a chyn dyfod i ben fy rownd mi gofiais am y maen; ond er chwilio pob man, ni allwn ei weld o gwbl, ac yntau i fod yn glamp o nod-tir. Ysgubais y gwastad grugog â'm llygaid yn ofalus, gan ryw gofio, gyda llaw, am Ddiffeithwch Paentiedig Arizona, ond bod hwnnw ar raddfa aruthrol fwy, wrth gwrs. Mi fethais weld y maen, ac yr oeddwn yn siomedig, ac yn ddychrynedig braidd, gan ofn rhyw hud-a-lledrith. Chwerthin am fy mhen a gefais pan gyrhaeddais y rheithordy a dweud yr hanes.

Y drydedd noswaith mi benderfynais y byddwn yn gweld y maen rywsut, a rhoddi fy llaw o gnawd arno i setlo'r pwnc. Ac wrth fynd ar fy rownd saethu mi gyrhaeddais y gwastad grug, a gweld y maen yn llonydd yno yn ei daldra barbaraidd a chyn-hanes. Mi ymwthiais trwy wrych bach tew o fangoed a cherdded dros y grug garw yn union syth amdano. Oedd, yr oedd yno. Edrychais ef i fyny ac i lawr (ni threiais fynd i'w ben ychwaith), a cherdded o'i gylch ddwywaith neu dair, a sylwi ar olion adar ysglyf-aethus o gwmpas, ac esgyrn gwynion glanwaith yma a thraw. Yr oeddwn wedi setlo cwestiwn bodolaeth wirion-eddol y maen, 'dybiwn i.

O'r gorau, nid oedd dim chwerthin i fod am fy mhen heno. Dyma droi'n ôl am y fferm, gan anelu'n gyntaf am y gwrych y daethwn drwyddo. Ond yr oedd rhyw fân goed o'm blaen ym mhobman, heb le i ymwthio rhyng-ddynt—a minnau wedi cael bwlch digon handi i ymwthio drwyddo wrth ddyfod i mewn i'r rhostir grugog. Edrychais o'm cwmpas i geisio gweld y fferm, i mi gael y cyfeiriad iawn. Yr oedd yno bedair neu bump o ffermydd yn y golwg. Setlais ar fy fferm i, ac wedi ymgyfeirio ati, mi sylweddolais fy mod ar dir dieithr. Yr oeddwn wedi methu'r fferm. Wedi hir droi a throsi a chynnig a methu, mi lwyddais i ddethol y fferm iawn, ac ni chymerwn sylw yn awr o unrhyw ' bry' ' a ddigwyddai godi, ond prysuro cyn gynted ag y gallwn i glos y fferm (neu i'r ' heol,' fel y galwant hwy yno glos neu fuarth). Diolch i'r Brenin Mawr, yr oeddwn ar dir ac ar feidir (eu gair hwy yno am lôn neu wtra) y gallwn fynd adref ar hyd-ddynt, gyda help y gŵr eglwysig oedd yno'n fy nisgwyl i'm harwain yn ôl at y rheithordy. Nid chwerthin am fy mhen a gefais y tro hwn pan ddywedais f'ystori, ond cydymdeimlad gweddus. Yr oeddynt hwythau, efallai, yn dechrau credu ' bod rhywbeth yn y peth,' ac nad gwirioni a phendroni'r oeddwn i, er na buaswn yn gweld bai arnynt am hynny ychwaith.

Mi gofiais i mi gael profiad tebyg pan oeddwn flynydd-oedd lawer yn ôl yn byw ym Mharis ac wedi dyfod yn weddol gyfarwydd â'r strydoedd a'r pwyntiau mwyaf adnabyddus. Mi esgynnais ryw noswaith o orsaf dan-ddaearol y trên-tan-y-ddaear yno, i fyny grisiau gwahanol i'r rhai yr arferwn esgyn hyd-ddynt, heb wybod i mi fy hun. Wedi dyfod i'r ystryd a'r awyragored, yr oeddwn wedi cael tro cyfeiriadol hollol grwn, ac er gweld enwau'r ystrydoedd â'm llygaid, a 'gwybod' bod yr arwyddion yn dweud y gwir, ni allwn yn fy myw fy mherswadio fy hun fy mod yn mynd i'r cyfeiriad iawn. Ond peth bach, profiad diniwed, oedd hwnnw o'i gymharu â'r profiad pendro a gefais ar dir Penfro.

Dyfed, Dyfed. Y mae hud ar y wlad o hyd, mi warantaf, ac nid yw peth felly'n gweddu i'r oes hon. Wrth geisio f'amddiffyn fy hun, fy unig ddadl yw bod y gwyddonwyr yn haeru mai 'termau perthynasol' yw dwyrain a gorllewin wedi'r cwbl: cyfeiriadau ac nid 'realaethau' ydynt. Ac wrth gofio am y maen bod-a-pheidio hwnnw, byddaf yn ymgysuro trwy ddweud wrthyf fy hun yn null-wedd yr athronwyr nad yw hyd yn oed epistemeg yn gallu penderfynu'n sicr seiliau gwybodaeth am yr hyn sy'n cyfansoddi'r gwahaniaeth rhwng natur bod a difod.

O'r Pedwar Gwynt. T. H. Parry-Williams.

Mae dwy ochor yn Sir Benfro,
Un i'r Sais a'r llall i'r Cymro,—
Melltith Babel wedi rhannu
Yr hen sir o'r pentigili.

Hen Bennill.

BRYCHEINIOG A MAESYFED

O sir Benfro drosodd i Frycheiniog, i sir dawel y tir coch . . . Gwlad y bryniau yw hi a gwlad y dyffrynnoedd. Ewch ar hyd y ffordd o'r Gelli Gandryll i Aberhonddu a dyrchafu eich llygaid i'r Bannau draw ; dilynwch y ffordd o Aberhonddu i lawr gyda'r gamlas i gyfeiriad Crughywel ; cymerwch y trên o Aberhonddu heibio i Dal-y-llyn a thros y dyffryn ger Tal-y-bont a bedd Henry Vaughan yn Llansantffraid, ac i fyny ar hyd Glyn Collwng i Dorpantau a Pontsticill ; dringwch o Langynidr dros y mynydd i lawr i'r Cendl ym Mynwy a Brynmawr ym Mrycheiniog. Mi ewch, wrth reswm, i Dalgarth a Threfeca ; peidiwch ag anghofio eglwys Llanelieu. Ac os ewch i'r Cefn Brith ger Llangamarch, mynnwch hefyd dreulio orig yn yr Eglwys Gadeiriol yn Aberhonddu.

Mae Brycheiniog a Maesyfed yn mynd gyda'i gilydd yn boliticaidd, ac yn grefyddol hefyd, o ran trefnidiaeth. Tybed a ydym ni'r Cymry Cymraeg wedi anwybyddu Maesyfed ? Cyfaddefaf yn rhwydd mor boblogaidd a fu Llandrindod fel cyrchfan pobl ar eu gwyliau, a phwyllgorwyr a chynadleddwyr hwythau ; ond a olygodd sir Faesyfed lawer inni heblaw Llandrindod ? Eto mae yno leoedd gwerth ymweled â hwynt ; Glascwm yn y pant a'r eglwys annisgwyliadwy o fawr ; Colva a'i heglwys fechan ar lechwedd y mynydd ; hen gapel Maes-yr-onnen yn ei symlrwydd cyntefig ; pentrefi bychain fel Bryngwyn a Chastell-y-paen ac Abaty Cwm Hir ; sgrin eglwys Llananno ; yr hen dai yn Llanandras, yn enwedig y *Radnorshire Arms* : eglwys 'neilltuedig Casgob (coffa da am W. J. Rees, un o deulu'r Tonn yn Llanymddyfri, offeiriad llengar, gweithgar, prysur), hen eglwys Pencraig ar ei bryn, ac unigeddau'r Fforest, y mynydd a groesir, i raddau o leiaf, wrth deithio o Landrindod am Drefyclawdd ac Amwythig neu Lanfihangel-nant-Melan a Henffordd.

Ym Mêr Fy Esgryn. T. I. Ellis.

GOLYGFA YN SIR FRYCHEINIOG

. . . Y mae tair fferm yn ffinio â'r briffordd, sef Bronfydd, Tŷ-du a Phresbali. Wedyn, deuwn at dir garwach ar ôl cyrraedd Bethbali, â'i fuarth ar waelod rhiw fechan sydd dipyn yn serth am ychydig o'n blaen. Ymegnïwn i fynd yn hwylus trosti a chael mynegbost i'n cyfeirio i Langamarch. Gwell gennym ninnau drafaelu ymlaen yn syth ar ffordd lefn heb na chlawdd na pherth yn ffiniau. Ymhen chwarter milltir dyma ni'n aros yn barod i roi hoe fach i'r carafan am weithio cystal. Wele gyfle i ninnau i fwynhau un o'r rhyfeddodau pennaf a welsom â'n llygaid erioed yng Nghymru. Os yw'r byrwellt yn llwyd a garw dan ein traed, a'r grug eto heb gael clychau i'n llonni, dyma wyrth o brydferthwch yn dadlennu ei holl olud ger ein bron. Gwyra'r haul tua'r Gorllewin gan ddechrau bwrw ei hudlath i greu cochni i'w wasgaru dros ddôl a bryn.

I fyny ym mhellterau'r Gogledd, datguddiai'r Wyddfa ei chribau'n wylaidd mewn niwlen denau. Dacw'r Moelwyn yn gliriach ar y gorwel, a Chader Idris yn amlwg a gosgeiddig. Yn agosach atom ymgyfyd Pumlumon fel pe'n ofni'r gystadleuaeth ag aruthredd Arfon a Meirionnydd. Yn is na'r llwybr syth tua'r haul, ymffrostia Penfro yn ei Phreseli wrth fwrw corun wrth gorun, igamogam, tua'r ffurfafen. Parchwn yr olwg ar fynydd Du Caerfyrddin, sydd yn gorwedd y tuhwnt i'r Epynt odditanom. Ymfalchïwn wrth weld Bannau Brycheiniog yn edrych mor odidog yn y banorama ryfedd hon o'n cylch i bob cyfeiriad. Onid yw bryniau Morgannwg fel pe'n plygu'n yswil o'n blaen ? Gweddus yw hynny oherwydd eu bychander. Eithr clywir hwy'n sibrwd bod ei golud hi mewn dyffrynnoedd ac yng nghrombil ei daear, ac o olwg ein llygaid. Wele Fynwy'n amneidio arnom i syllu ar ei chyfraniad hithau. Ie, dacw'r Sugar Loaf yn lluniaidd esgyn drwy waelod cwmwl neilonaidd. Gorfodir ni i edmygu'r Mynydd Du, Brycheiniog sydd wedi ei ruddo'n ysgafn dan lewych yr haul.

Teithiau yn Sir Frycheiniog. J. Seymour Rees.

TALGARTH

Cyrhaeddais i Dalgarth ar fore o Dachwedd,
A'r gwynt yn chwyrnellu ar gonglau y stryd ;
Mor foel ac mor fud oedd y Llan ar y llechwedd ;
Ac estron oedd iaith y trigolion i gyd.

Gwae fi, na bawn yma ynghynt o ddwy ganrif,
I weled tre Dalgarth dan hudlath y nef,
Ei strydoedd yn llawnion o Gymry aneirif,
A Duw yn llefaru ym mynwent y dref.

Y Glowr a Cherddi Eraill. Gwilym R. Tilsley.

MURMUR DYFROEDD

Cysgais aml noson yn Llanfair-ym-Muallt. Yn y dechrau ni chlywaf ddim, y mae sŵn tyrfaoedd Maesyfed a Buallt—y naill yn Saesneg a'r llall yn Gymraeg—yn boddi pob sŵn hyfryd. Ond toc daw'r distewi. Yna dechreua afon Wy lefaru. Ai o'r hen oesoedd y daw'r llais ? Onid fel y siaradai â Llywelyn yn Aberedw, ac â chwcw Williams Pantycelyn yn Llanfair, y sieryd eto ? I mi, y mae'n llawn o leisiau'r hen amseroedd. Wedi dechrau ei chlywed, clywir nid Gwy fawreddog yn unig wrth araf orymdaith dros ei chreigiau, ond llu o aberoedd sy'n ymuno â hi. Daw Ieithon, yn llawn lleisiau hen ysgarmesoedd gwŷr rhyfelgar Elfael a Maelienydd, a lleisiau mynachod Cwm-hir yn gweddïo ar Dduw am heddwch pan na wrandawai dynion dig arnynt. Daw Irfon hanesiol, heibio i feddau Kilsby a Theophilus Evans, o Langamarch a Llanwrtyd ac Abergwesyn, o'r gwern a'r brwyn a'r rhedyn, a Gamddwr y Bleiddiaid ac o gartref y barcud. Ymysg lleisiau ei dyfroedd, clywaf gri un afonig fach. Gwelais hi'n codi mewn hafn ym mynydd Epynt, gwelais hi'n loyw wrth fynd heibio i'r Cefn-brith i ddyfroedd

Irfon. Llais John Penry a glywaf yn ei dyfroedd pur, llais o ing wrth farw yn galw am Efengyl i Gymru. A daw Gwy ei hun o'i thaith hir o Bumlumon, heibio i'r Rhaeadr rhamantus, a Marteg ac Elan yn ei dwylo ; ac, i mi, y peth hyfrytaf yn ei miwsig yw emynau melodaidd John Thomas o Raeadr Gwy.

Er Mwyn Cymru. O. M. Edwards.

CEFN BRITH

. . . Erbyn hyn yr oedd yn glawio'n drwm, a da oedd cael cysgod y gwrychoedd uchel, trwchus. Bûm am chwarter milltir heb weled fawr ond bedw a gwern ; yna, wrth imi godi uwchlaw'r dyffryn, daeth y wlad agored i'r golwg, ac ambell lygedyn o haul arni trwy'r glaw. Wedi cyrraedd pen y bryn, cefais olygfa ogoneddus ar fryniau a dyffrynnoedd yn ymestyn i'r gorllewin. Bûm yn cerdded am beth amser hyd ffordd wastad gyda'r dyffryn ar y llaw dde, a mynyddoedd yn dyfod agosach, agosach, ar y llaw chwith. Ar odrau'r mynyddoedd hyn yr oedd ffriddoedd, llawer glyn cul, coediog, a llawer hafan werdd. O'r diwedd deuthum i olwg y tŷ ; nid oedd y pellter a gerddais ond rhyw ddwy filltir a hanner, ond tybiwn ei fod yn ychwaneg, oherwydd bod cymaint o dynnu i fyny, a bod y ffordd mor drom gan y glaw.

Ond anghofiais bob lludded a dillad gwlybion wrth edrych ar yr olygfa a welir o ymyl Cefn Brith. Gwelwn lwybr yn mynd at wyneb y tŷ trwy ganol gweirglodd weiriog, wlithog ; ac yr oedd y ffordd yn rhoi tipyn o dro, ac yn mynd heibio i'r adeiladau. I ba gyfeiriad bynnag yr edrychwn, gwelwn fynyddoedd yn edrych arnaf o'r tu cefn i fynyddoedd. I'r gorllewin, dros Gefn Gorwydd a phentref a chapel mawr, yr oedd mynyddoedd Llanwrtyd ac Ustrad Ffin ; ac ar yr ochr arall yr oedd hafannau gwyrddion mynyddig, gydag ambell goeden griafol ac ambell fedwen yn ymddyrchafu mewn tlysni dan wlith y cawodydd a gwên yr haul. Dyma'r ardaloedd y bu John Penri yn meddwl amdanynt pan oedd yn ffoadur yn Lloegr a'r Alban, yr ardaloedd a gafodd bryder ei feddwl a'i feddyliau olaf . . .

Euthum ymlaen heibio'r tŷ i'r caeau. Rhedai aber risialaidd i lawr o'r mynydd, ac yr oedd coeden wag wedi ei throi yn gafn i'r pistyll. A thraw yr oedd gweirgloddiau hyfryd, a'r mynydd y tu hwnt iddynt. Nid oedd yno greigiau nac ysgythredd, dim ond mawredd esmwyth a thawelwch. Yr oedd edrych ar drumau prydferth Mynydd Epynt yn rhoi gorffwys i'r meddwl, nid y gorffwys sy'n arwain i ddiogi, ond y gorffwys sy'n arwain i waith. Dyma orffwys fel gorffwys y nefoedd, gorffwys sy'n deffro'r meddwl ac yn ei gryfhau at waith. Nid rhyfedd mai meddwl effro a gweithgar oedd meddwl John Penri. Ni fedd y mynyddoedd hyn fawredd mynyddoedd y gogledd, rhywbeth hanner y ffordd rhwng Bro Morgannwg a'r Wyddfa ydynt. Ac nid rhyfedd mai eu prydferthwch hwy, o'r holl fynyddoedd, ddarganfuwyd gyntaf gan rai o'r ardaloedd hyn,— John Dyer a Henry Vaughan. Bûm yn syllu'n hir ar y coed unig a welwn hyd drumau'r mynyddoedd, ac yna'n edmygu lliwiau'r rhedyn a'r ysgaw a'r drain. Trois wedyn i wylio'r gwenoliaid oedd wedi nythu tan y bondo, ac yna mentrais i'r tŷ.

Cartrefi Cymru. O. M. Edwards.

LLYN CWM LLWCH

. . . Gan nad ydym heddiw wedi blino, a ninnau ar y man mwyaf manteisiol, penderfynwn ddringo Bannau Brycheiniog. Golyga hyn ddringo'r copäon uchaf yn Ne Cymru, a bydd yn rhaid i ni, y mae'n debyg, chwysu, ond yn sicr, mawr fydd ein gwobr. Rhoddwn yma enwau'r pedwar corun a'u mesur mewn troedfeddi : (1) Y Fan Big (2,300). (2) Cribyn (2,608). (3) Pen y Fan (2,906). (4) Corn Du (2,863). Ffurfiant ddarlun godidog, ac fe'u gwelir o bellterau eang . . .

Cerddwn ymlaen a chawn ein synnu at ehangder y wlad sy'n ymagor i'r dde, a'r dibyn serth o ddau can troedfedd at ddolydd toreithiog. Bant â ni yn ddigon hamddenol i sefyll ar Gorn Du, ac wedyn i ddisgyn drwy adwy a elwir Bwlch y Fan cyn esgyn i dorheulo ar Ben y Fan.

Gan ei bod yn ddiwrnod clir dyma gyfle digymar inni syllu ar Wlad yr Haf, Dyfnaint a Môr Hafren yn y De. Os edrychwn tua'r Dwyrain, wele nifer o fryniau yn moesymgrymu mewn parch. Draw i'r Gogledd, ymgyfyd Cader Idris fel tywysog. Rhyngom ag ef, dacw Bumlumon. O edrych i'r Gorllewin, ein braint yw cydnabod gwrogaeth Mynydd Du Caerfyrddin.

Wedi dadluddedu a rhyfeddu, cyfeiriwn ein camre tua'r Gogledd i ddisgyn i bant a adweinir fel Cadair Arthur. Yma, yr ydym ar lan llyn sydd yn filltir ei gylch. Ymhyfryda mewn dau enw. Un yw Llyn Cwm Llwch a'r llall yw Pwll y Doctor. Pwy yw'r Doctor hwn, tybed? Wel, am rai blynyddoedd bu ysgolhaig enwog yn byw mewn ffermdy, Clun Hir, ychydig yn is. Rhoddwyd yr enw hwn o barch i'r Doctor Siôn Dafydd Rhys (1534-1609?). Dywedir am ddyfnder Llyn Cwm Llwch na fedrai'r oll o raffau'r clychau yn Eglwys Llan-faes, Aberhonddu, wedi eu cydio wrth ei gilydd byth gyrraedd y gwaelod.

Cysylltir stori gynhyrfus â Llyn Cwm Llwch. Yn yr hen amser yr oedd drws mewn craig ar y glannau. Agorid ef bob blwyddyn ar y dydd cyntaf o Fai. Drwyddo gellid cerdded ar lwybr cul nes cyrraedd ynys a ymguddiai'n anweledig ynghanol y Llyn. Rhoddid croeso brwd i ymwelwyr gan y Tylwyth Teg, y perchnogion. Estynnid iddynt ffrwythau pêr wrth wrando ar fiwsig soniarus. Pwysleisid un amod ar bawb, sef, na chaniateid i neb gario dim oddiar yr ynys o'i heiddo gan ei bod hi'n gysegredig.

Ar un o'r achlysuron blynyddol hyn, digwyddodd i ymwelydd gwancus, cyn ymadael, guddio blodyn yn ei boced. Cyn gynted ag y daeth ar dir halogedig, collodd ei holl synhwyrau'n llwyr, a bu'n ynfytyn dros weddill ei oes, a chaewyd y drws, fel arfer. Ar y dydd cyntaf o Fai yn y flwyddyn ddilynol, methwyd â dod o hyd i'r drws pwysig hwn, ac erys ei safle'n ddirgelwch hyd y dydd hwn.

Ymhen cannoedd o flynyddoedd, cynlluniodd trigolion yr ardaloedd cyfagos i ddreinio'r Llyn er mwyn gwybod a oedd gan y Tylwyth Teg drysorau yn ei gwaelodion hi. Casglwyd tyrfa ynghyd i weithio, a thorrwyd ymhen ychydig oriau ffos yn ddeng llath ar hugain o ddyfnder. Llwyddasant i ddod mor agos i'r Llyn fel y buasai un ergyd ychwanegol yn ddigon i ollwng y dwfr oll allan. Ar yr eiliad yr amcenid gyrru'r ergyd hon, fflachiodd mellten. Duodd y ffurfafen, a rhuodd y taranau yn arswydus gan ddiaspedain drwy'r awyr. Dychrynwyd y fintai i syllu'n fud ar gynnwrf dros wyneb y dyfroedd nes dod yn donnau brigwyn yn y canol. O'r berw, cododd cawr aruthrol ei faint. Pan safai hyd ei hanner yn y Llyn, gwelid bod ei farf a'i wallt tua theirllath o hyd. Cyfarchodd y gweithwyr mewn llais garw, heriol :

> Os torrwch ar fy heddwch i,
> Ar fyr mi godaf hyglyw lef
> I foddi glannau'r Wysg i gyd
> Gan ddechrau'n Aberhonddu dref.

Teithiau yn Sir Frycheiniog. J. Seymour Rees.

DISERTH

Cerddais yn hapus a llawen i fyny ac i lawr hyd y ffordd droellog, ac awel dyner y bryniau fel y gwin, a blodau gold y gors fel fflamau tân hyd y gweirgloddiau. Yn sydyn fe'm cefais fy hun yn croesi'r afon Ieithon, dros bont haearn newydd wen. Llifai'r afon o gwm mynyddig, cymerai redfa hanner-cylch o amgylch dôl, ac yna troai'n ddiwyd ddistaw gyda godre trum serth, goediog. Yn y gwastad, yn nhroad yr afon, safai eglwys, a mynwent y tu hwnt iddi. Dyma eglwys unig a neilltuedig Diserth.

Cyfyd tŵr ysgwar yr eglwys i uchder o ryw ddeg troedfedd a thrigain, ac y mae hyd yr eglwys dros drigain troedfedd. Ac yno y gorwedd, fel rhywbeth dieithr iawn a thrawiadol iawn, a'r bryniau oll wedi troi eu cefnau ar y ddôl isel sydd fel pe bai'n eiddo iddi.

Beth yw ystyr yr enw ? Lle du serth, ebe rhai, oddi wrth y bryniau sy'n edrych i lawr yn wgus ar gyfer yr eglwys unig. Lle nad yw'n serth, lle di-serth, ebe eraill, oherwydd bod yr eglwys yn gorwedd ar ddôl sy'n wastad ac isel o'i chymharu â'r Carneddau o gwmpas. Ond y mae'n sicr mai o'r gair Lladin *desertum*, yn ei ystyr eglwysig, sef lle wedi ei adael, lle neilltuedig ac unig, y daw'r enw Diserth. Esbonia'r Dr. John Davies y gair *desertum* fel hyn,—' diffaith, diffeithwch, diffeithle, anialwch, dyrysni, lle anial, diserth.' Ac atgofia D. Silvan Evans ni o gyfeithiad Edmwnd Prys o'r bedwaredd salm ar ddeg a thrigain:

> Drylliaist ti ben, nid gorchwyl gwan,
> Y Lefiathan anferth ;
> I'th bobl yn fwyd dodaist efô,
> Wrth dreiglo yn dy ddiserth.

Y tu cefn i'r eglwys gorwedd hen breswylwyr y fro. A thawel yw eu hun. Y mae Ieithon fel pe bai'n cilio oddi wrth y beddau, a daw ei murmur mwyn yn dyner dros ddôl sydd rhyngddi a'r fangre gysegredig. Cartref dedwydd adar a blodau gwylltion yw'r llecyn tawel hwn yn nhroad dyfroedd Ieithon.

Nid oes yma ŵr enwog inni fynd i chwilio am ei fedd. Mor ychydig o hen hanes sydd i Sir Faesyfed ; ond er mor ychydig, y mae hanes diweddar y sir, sef hen Elfael a Maelienydd, yn brinnach o lawer. Yr oedd cestyll lawer ynddi, Rhaeadr Gwy a Cholwyn a Chastell Paen a llu eraill, ac yr oedd cestyll pwysig Llanfair-ym-Muallt ac Aberhonddu ar ei chyrrau. Brithir hi gan enwau sy'n atgofio'r oes hon am seintiau a hen arglwyddi. Yr oedd y Mortimeriaid o boptu iddi ; a lle y ceir hwy ceir hanes cyffrous bob amser. Tra oedd llawer eraill yn ymladd â'r pagan yn enw Crist yng nghanol y ddeuddegfed ganrif, yr oedd llaw Huw fab Rawlff yn rhydd i ailosod iau'r Normyn ar wŷr Elfael ac i godi castell yn eu canol. Dro arall yr oedd yr Arglwydd Rhys yn mynd i gwrdd â brenin Lloegr i Gaerloyw, a'r tywysogion a heriasai'r brenin yn ei osgordd ; ac yn y llu yr oedd Madog o Faelienydd ac Einion Clud o Elfael. Ddydd arall daeth Gilia, esgob uchelgeisiol a rhyfelgar Henffordd, drwy'r fro ; ond gadawodd gastell Colwyn a bryniau Elfael i fab Einion Clud, yr hen arglwydd. Beunydd y deuai'r estron, gyda'i beiriannau rhyfel a'i gynlluniau medrus ; ond pan ddeuai'r Arglwydd Rhys neu Lywelyn Fawr i'r gororau codai uchelwyr Elfael i'w croesawu megis un gŵr . . .

Deuwn i oesoedd diweddar, pan oedd pethau rhyfedd yn cynhyrfu ein gwlad. Un o Faesyfed oedd Vavasour Powel. Yr oedd Hywel Harris yn byw ar ei chyffiniau, ac iddi hi y mentrodd gyntaf i bregethu'r Efengyl a losgai yn ei enaid a'r farn a fflamiai yn ei gydwybod. Mewn cymoedd mynyddig o amgylch y sir cododd dynion rhyfedd. Rhyw bum milltir ar hugain i'r dwyrain dros Fwlch yr Efengyl, dyna chwi yn Olchon, hen grud y Bedyddwyr yng Nghymru. Y mae Trefeca'n agosach, ac nid yw Aberhonddu'n bell. Y lle cyntaf y deuir iddo dros fynyddoedd meithion y gorllewin ydyw Tregaron, ac y mae Llangeitho gerllaw hwnnw. Ond, er ymdrech y Bedyddiwr yr Annibynnwr, a'r Methodist, ychydig a wrandawodd Sir Faesyfed ; a'r hyn a glywodd, hi a'i hanghofiodd bron yn llwyr.

Nid oes ond un esboniad. Collodd Sir Faesyfed y grym cymeriad a'r argyhoeddiadau dyfnion a ddaeth o ddiwygiadau Cymru, wrth golli ei Chymraeg . . . .

Yn y Wlad. O. M. Edwards.

CWM ELAN

Stori hynod rhyw hen ŵr
Am Gwm Elan dan y dŵr.

Lle mae'r llanw mawr yr awron
Rhodiwn yn fachgennyn gynt,
Dan ganghennau deri mawrion
A fu'n herio gwaetha'r gwynt.

Gyda'r afon y pryd hynny
'Roedd ar isaf lawr y plwy'
Heol wen yn dod i fyny
Draw o gyrrau Rhaeadr-gwy.

Deuai Saboth Duw â'i seibiant
I boblogi'r capel bach
A oedd obry yn y gobant
Lle penliniodd llawer ach.

Wrth ei furiau yng Nghwmdeuddwr,
Yn llonyddwch llwch y llawr,
Gwelais osod llawer gwyliwr
Mud â'i wyneb tua'r wawr.

Hen fugeiliaid wedi yfed
O ffynhonnau'r mynydd maith,
Cyn i werin Sir Faesyfed
Werthu'r dŵr a cholli'r iaith.

Aethant, nid yn sŵn yr organ,
I'w diwethaf daith bob un,
A Chymraeg y Doctor Morgan
Yn eu suo i esmwyth hun.

Ond yn nhreigl y blynyddoedd
Cyrchodd gŵr ar ddelw y Sais
Yma i hawlio y mynyddoedd
Heb un cryndod yn ei lais.

Poerodd ar y santaidd feini,
  Gwnaeth addoldy'r byw yn sarn,
A brasgamodd i gwmpeini'r
  Meirwon, fel diwrnod barn.

Galwodd hwy yn ôl dros geulan
  Amser, nid wrth olau'r wawr ;
Ac yn mynd o ddolydd Elan
  Gwelais y cynhebrwng mawr.

Caniadau Isgarn. Isgarn.

SIR GAERFYRDDIN

SIR GAERFYRDDIN

Ni wyddom beth yw'r ias a gerdd drwy'n cnawd
Wrth groesi'r ffin mewn cerbyd neu mewn trên :
Bydd gweld dy bridd fel gweled wyneb brawd,
A'th wair a'th wenith fel perthnasau hen ;
Ond gwyddom, er y dygnu byw'n y De
Gerbron tomennydd y pentrefi glo,
It roi in sugn a maeth a golau'r ne
A'r gwreiddiau haearn ym meddrodau'r fro.
Mewn pwll a gwaith clustfeiniwn am y dydd
Y cawn fynd atat, a gorffwyso'n llwyr,
Gan godi adain a chael mynd yn rhydd
Fel colomennod alltud gyda'r hwyr ;
Cael nodi bedd rhwng plant yr og a'r swch
A gosod ynot ein terfynol lwch.

Ysgubau'r Awen. D. Gwenallt Jones.

BALED AFON TYWI

Chi Gymry glân o bobman,
Drigolion Gwalia gyfan,
Dewch yma i eistedd ger fy mron
Yn gwmni llon a diddan.

Myfi, hen afon Tywi,
Sydd yma i'ch diddori
Drwy adrodd hynt fy siwrne faith,
A'm taith hyd Lan-y-fferi.

Fry, fry mae' dechrau'r trywydd
Yng nghartref yr ehedydd,
Lle rhoddaf ddŵr fy ffrydiau glân
I ddefaid mân y mynydd.

Yn Ystrad-ffin rhaid oedi,
Ac wedyn hwylio ati
I redeg heibio i Gil-y-cwm,
Ac ogof Twm Sion Cati.

Drwy Randir-mwyn rhaid brysio,
Ni thâl im aros yno,
Oherwydd nid oes gweithwyr doeth
Am gyfoeth heddiw'n cloddio.

'R wyf bellach yn y dyffryn
Lle'r huna ' Pantycelyn ',
Ac yma Williams biau gân
Fy nhonnau mân a'm hemyn.

Caf hamdden yma i oedi
Yn ymyl Llanymddyfri,
Lle bu'r Hen Ficer sobr ei bwyll
Yn cynnau ' Cannwyll ' Cymru.

Yna daw'r llwybrau troellog
Dros wely llyfn graeanog,
A'r gwastadeddau sy'n rhoi maeth
I ffatri laeth Llangadog.

Ar ddiog daith 'wy'n llifo,
Gan lonni'r gwartheg godro
A'r bustych tew ar gaeau glas
A dolydd bras Llandeilo.

Af heibio yn ddifwstwr
I adfail hen Dinefwr,
Lle nad oes heddiw dywallt gwaed,
Nac eco traed un milwr.

Caf araf, araf ddirwyn
Heibio i gastell Dryslwyn,
Lle nad oes cyffro erbyn hyn
Ond cyffro syn y gwanwyn.

Ymlaen am Bontargothi
A'r Felin-wen yn heini,
At gartre'r Esgob mawr ei ras
Ym mhalas Abergwili.

Hen dderwen frau Caerfyrddin
Oroesodd lawer drycin,
Ond heddiw'r Neuadd gadarn gref
Yw calon tref y dewin

Fan yma ar fy nglannau
Bu newid mawr drwy'r oesau,
A lle bu gynt y cwrwg chwim
Ni welir dim ond badau.

Bellach yn afon lydan
Gan ddyfroedd sawl nant fechan,
Caf orffwys fyth ar fron y môr
Ar oror traeth Llansteffan.

Fel hyn y bûm yn rhodio
Drwy'r oesoedd a aeth heibio
O ddyddiau cynta'r rhew a'r iâ
A'r eira'n cuddio'r henfro.

Mi welais lawer chwyldro,
A daw cyfnewid eto,
Ond er pob newid yn y byd
Parhaf o hyd i lifo.

Blodau'r Ffair. W. Leslie Richards.

GOLUD GWLAD MYRDDIN

Golygfa wahanol eto yw honno a geir o Ddyffryn Tywi. Mae'r Dyffryn yn hardd yr holl ffordd o Lanymddyfri hyd Gaerfyrddin, ond i'm tyb i, mae'r olygfa a geir ohono uwchben y Gelli Aur, o'r fan a elwir ' Golwg y Byd ' yr olygfa harddaf yn y wlad i gyd. Mae'r enw ynddo'i hun yn awgrymiadol iawn, onid yw ? ' Golwg y Byd.' O'r tu cefn inni y mae Dyffryn Aman a Dyffryn Tawe, a Mynydd y Betws a Mynydd y Gwair yn eu gwahanu ; yn is i lawr mae'r Mynydd Mawr, a thu hwnt iddo Ddyffryn Llwchwr yn ymagor i'r môr, a thref brysur Llanelli, a mwg eu ffwrneisiau yn esgyn i'r awyr ; i fyny i'r cyfeiriad arall mae Bannau Brycheiniog yn eu holl gadernid yn ymgodi y tu draw i'r Teir Carn a'r Mynydd Du. Yna, ar ein cyfer ymhell ar y gorwelion y mae mynyddoedd Ceredigion, ac yn is i lawr wedyn gopäon mynyddoedd Penfro—y Frenni Fawr, a'r Frenni Fach. Ond y Dyffryn oddi tanom a rydd liw a chyfoeth i'r darlun ; ac fe'i gwelir ef yn ei holl ogoniant ar brynhawngwaith teg o Fai, fel heddiw—ffresni'r Gwanwyn ar bob llaw, a bywyd yn ymdorri ymhobman ; Tywi megis llinyn arian ym ymestyn ar hyd y Dyffryn ; carped gwyrddlas o bob tu iddi ; a llethrau coediog yn gefn i'r cwbl. Mae Parc Gelli Aur a'i goed urddasol oddi tanom ; i fyny'r Dyffryn y mae hen gastell enwog Dinefwr, cartref tywysogion y Deheubarth gynt, yn sefyll ar graig uchel ynghanol clwstwr o goed, ac fel petai'n gwylio'r afon ar ei thaith tua'r môr. Ar ein cyfer y mae Bryn Crongar, lle bu unwaith hen wersyll Brythonig, a thipyn yn is i lawr ceir olion Castell Dryslwyn, a Thywi'n llifo'n hamddenol wrth droed y graig y codwyd yr hen gastell arni. Gellir dilyn yr afon ar ei thaith am filltiroedd i lawr, heibio i ardal fwyn Llanegwad a Nantgaredig ac Abergwili. Hamddenol yw ei thaith, a llonydd ei hwyneb gan amlaf, er y gall hithau newid ei thymer ambell dro a chodi megis cawr aruthr nes torri dros y ceulannau a symud pontydd o'i blaen . . .

Ond ni welwn holl odidogrwydd y wlad gyfoethog hon heb wybod ei hanes a'i thraddodiadau. Ynddi fe sieryd y canrifoedd o'r bron wrth y sawl sydd a'i glust yn ddigon tenau i glywed. Mae'r cwrwglwyr a welwn yn pysgota ar hyd yr afon o Gaerfyrddin i Abergwili yn cysylltu ein meddwl ar unwaith â'r cyfnod y trigai'r hen Gymry yn y tir. I'r enw Lladin a roes y Rhufeiniaid i'r bryn uwchben yr afon, Maridunum, y rhaid olrhain yr enw "Caerfyrddin," er i chwedl dlos dyfu'n ddiweddarach am Fyrddin Ddewin sy'n cysylltu'r lle â'i enw ef. Mae'r Hen Dŷ Gwyn ar Daf, lle rhoid trefn ar gyfreithiau Hywel Dda, wedi ei sgrifennu mewn llythrennau o aur yn hanes Cymru. Cerddodd y Norman yn drwm dros y wlad a cheir olion ei gestyll ymhob cwr ohoni. Cestyll Cydweli a Llansteffan a Thalacharn i warchae glannau'r môr ; Castell Caerfyrddin wrth enau'r afon ; Dryslwyn a Dinefwr tua chanol y Dyffryn, a Charreg Cennen rhwng y bryniau, ar graig uchel uwch ben afon Cennen.

Yn ysgil y castell daeth y priordy. Seiliwyd Priordy Caerfyrddin yn nechrau'r ddeuddegfed ganrif, ac yno y bu'r Brodyr Duon yn copïo Llyfr Du Caerfyrddin, casgliad rhyfeddol o werthfawr o draddodiadau, hanes, a cherddi crefyddol ar fesur cerdd. Yn ddiweddarach daeth y Brodyr Llwydion i'r dref a sefydlu mynachlog yng Nghwrt y Brodyr, a thua'r un cyfnod y seiliwyd Abaty enwog Tal-y-llychau. Cefn y Brodyr Llwydion yng Nghaerfyrddin oedd Syr Rhys ap Thomas, o Abermarlais, y milwr dewr ar Faes Bosworth, ac yn eglwys hardd San Pedr y gorwedd ei weddillion ef.

Wedi cyfnod llywodraeth y Cestyll, daw cyfnod y plastai—Gelli Aur, Bronwydd, Rhydodyn a Dolau Cothi. I'r Gelli Aur y dihangodd Jeremy Taylor rhag byddin Cromwell, ac yno yr ysgrifennodd ei brif waith, 'Holy Living and Holy Dying'. Bu eraill a wnaeth gyfraniad i lenyddiaeth Saesneg yn trigo ar lan Tywi ; yn Aberglasney y tu arall i'r afon i'r Gelli Aur y cartrefai'r bardd John Dyer ; yn y Tŷ Gwyn, wrth droed Bryn Llangynor, y bu byw Syr Richard Steele, y llenor, yn ystod ei flynyddoedd olaf, a heb fod nepell oddi yno mae Penbryn, cartref Syr Lewis Morris, awdur yr 'Epic of Hades.' Gŵyr Cymru gyfan am Lanymddyfri a Llanddowror. Mae'n drist meddwl fod Hen Dŷ'r Ficer yn Llanymddyfri yn adfeilio a'r ystafelloedd lle y goleuwyd 'Cannwyll y Cymry' yn dywyll a gwag. Tua phedair milltir o Lanymddyfri y mae ffermdy Pantycelyn, hen gartref William Williams, ein prif emynydd, ac ym mynwent Llanfair-ar-y-bryn y mae man ei fedd. Ni ddeuwn i ben ag enwi'r gwŷr mawr yn hanes crefydd a dysg sydd a'u henwau'n gysylltiedig â phentrefi a llannau'r wlad. Yn eu plith y mae Stephen Hughes o Feidrym, Apostol Sir Gaerfyrddin ; Peter Williams o Landyfaelog, y diwygiwr a'r esboniwr ; a'r emynwyr Dafydd Jones o Gaio, Morgan Rhys, Llanfynydd, Tomos Lewis, Tal-y-llychau, Dafydd Charles, Caerfyrddin, a llawer eraill. Erys eu dylanwad o hyd, a daw agwedd arall ar olud Gwlad Myrddin i'r golwg pan gofiwn am eu llafur diflino hwy, a'u cyfraniad mawr i lenyddiaeth a bywyd gorau Cymru.

Cymru'n Galw. T. Gwynn Jones.

DYFFRYN TYWI

Fe'th welais ddoe yn drwm dy gyntun hir
Pan oedd hualau Gaeaf yn y tir.
Yna daeth Gwanwyn ac ar gyflym dro
Taenwyd glesni dy wisg ar hyd y fro
Fel llinyn disglair o fynyddoedd llwm
Soar y saint, dros ysgwydd Cil-y-cwm,
A'i weu'n ddolennau diog heibio i'm dôr
Hyd diroedd bras Llansteffan ger y môr.

Heddiw mae'n Haf, a thonnau'r ŷd a'r gwair
Yn frwysg ar fron dy faes yng Ngelli-aur ;
Araf yn awr yw treigl dy rimyn dŵr
Ger castell Dryslwyn heibio i Fanc y Tŵr.

Mae'r wennol frwd yno'n ymwanu'n hir
Fel seren wibiog uwch llechweddau'r tir,
A'r gwyrthiau'n drwm dros ddôl a pherth a phren
Ar heulog wastadeddau Felin-wen.

Ar ddiwedd Haf diflanna'r hud a'r swyn
A'r dyddiau'n oedi'n hir yn Rhandir-mwyn ;
Daw Hydref heibio i ddwyn yr aur a'r gwin
O lethrau Twm Siôn Cati ac Ystrad-ffin,
A chasgl o fro Llandeilo'r llwythi lliw
Fu unwaith ar ei gelltydd hithau'n byw.
Cwsg, ddyffryn, cyn y geilw'r Gaea'n gras
Ym mhibau'r gwynt am ddawns y curlaw bras !

Awen y Wawr. J. Eirian Davies.

PEN TURCAN

Pen Turcan, ban obennydd
Awel rhew a chwmwl rhydd.
Talgryf oesol freiniol fryn
Oer a garw ei gorun.
Cilwg hwn uwch clogwyni
Uchelion iach welwn ni
Draw'n codi'n deisi cadarn,
Ei dyrau certh a'i dair ' Carn ',
Yn nhreigl hin arw a gwleb
Digroenwyd ei hagr wyneb . . .
Difyr yw dod fore dydd,
Tra dail yn peintio'r dolydd—
Esgyn uwchlaw yn llawen
I'r awyr bur ar ei ben,
Er gweled gwawr gwlad o gylch,
A thegwch parthau ogylch.
Gweled haf yn gloywi dôl,
Gwrid a rhwysg ar y Drysgol.

Gweled Pedol mal dolen,
Ymafael am y Foel hen,
A chwm llennyrch meillionnog
Dyffryn Aman, glân ei glog,
Yn ymestyn am wastad
Llachar fin y Llwchwr fad.
I'r Gogledd dan ryfedd rin,
Y mae harddwch Gwlad Myrddin,
Ac i'r De, mangre y mwg,
Mawr ogonedd Morgannwg.
Gweled hwnt, fel trwy gil dôr,
Dwyni haf Parc Dinefor.
Hefyd, hen Gastell hyfalch
Carreg Cennen a'i ben balch,
Ac ymhell bell y môr byw,
Culfor Caerodor ydyw.
Dyfnaint fryniog enwog hynt
A Chernyw, ceir drych arnynt.
Tir a môr ar y trum hwn,
Yn helaeth iawn a welwn.
Am lannerch i ymlonni,
Pen Turcan yw'r man i mi.

Gwydderig.

CHWEDL A THRADDODIAD

Efallai mai'r Chwedl hynaf yn Llên Cymru yw Cilhwch ac Olwen. Un o'r darnau hynotaf ynddi yw Hela'r Twrch Trwyth. Creadur mileinig, difrodol oedd y Twrch Trwyth. Ar ei hynt, lladdai a dinistriai bawb. Un o orchestion Arthur Fawr oedd ymlid y Twrch o derfynau'i deyrnas. Yn ei encil o flaen Arthur, daeth y Twrch i Ddyffryn Llwchwr ac oddi yno i Fynydd Amanw. Ar y mynydd, lladdwyd 'banw', un o'i foch. Efallai mai o 'banw' y tarddodd enw'r mynydd—'Amanw'. Diau mai o 'banw' y daeth yr enw 'Banwen' rhwng y Gwter Fawr a'r Waun. Gwthiwyd y Twrch yn ei flaen ar draws y mynydd lle y lladdwyd un o'i dyrchod—Twrch Llawin. Dyna afon Twrch. Yn yr un ysgarmes lladdwyd un arall o'i foch—Gwŷs. Ystyr 'Gwŷs' yw 'hwch'. Defnyddir y gair heddiw yn Llydaweg—*gwiz* neu *gwez*, benywaidd o 'twrch'. Ceir y gair hefyd yn yr Hen Gernyweg *gwys* a *gvis*. Yna, trodd y Twrch yn ei ôl i Ddyffryn Amanw. Dylid cadw mewn cof fod y dyffryn hwnnw'n cuddio'n llythrennol o Rosaman hyd Rydaman. Yma, collodd 'banw' a 'Benwic'. Yr enw ar y corstir rhwng Pont y Rhyd-ddu Fach a'r Gnol gennym ni fel plant oedd 'Benwen'. Efallai mai yn y fan hon y lladdwyd y 'banw'. Cafodd y Twrch ei hun yn y fan yn Llwch Ewin. A dyna ni yng nghanol gweundir yr Hen Ardal. Y Rhewm yw'r gwter neu'r ffos ddŵr sy'n rhedeg drwy waelod tir Nant Brain a Brynbrain—dŵr cysglyd â lliw'r mawn yn drwm arno, yn prin symud tua Phont y Rhyd-ddu Fach, yn arllwys i'r Llynfell yn un pen ac i'r Aman yn y pen arall. Y gwter hon yw 'Ewin' stori'r Twrch Trwyth. Yna, rhuthrodd y Twrch yn ei flaen i Gwm Ecel lle y lladdodd un o wroniaid Arthur—Echel Fordwyd-bwll, ac y bedyddiwyd afon Ecel ar ei enw. At hyn, drachefn, dyna Drwyn y Moch a Llwyn Moch yn ategu enwau'r hen chwedl.

Cyplyswyd enw Arthur Fawr â llawer man yn yr Hen Ardal. Mewn pant comfforddus ar y Garreg Llwyd, y mae Gwely Arthur. Carnedd o gerrig yw ei wely ar y Preseli ym Mhenfro: ar grib y mynydd y mae Cefnen Arthur. Ffordd yr elych i Lyn y Fan rhwng y Sarn Fân ac Aberdeu-dwrch y mae carneddi o gerrig anferth. Ar ei daith (wn i ddim ai'r daith honno i hela'r Twrch ai peidio), aeth graean i esgid Arthur. Tynnodd hi a lluchiodd y graean, ac ar lethr y Tir Garn y disgynnodd y cerrig. Yno y maent hyd yr awr hon.

Rhamant a Rhyddid. J. Dyfnallt Owen.

BROGARWCH

'R wyf wedi trafaelu tipynnach, mewn mwy nag un wlad, o bryd i bryd, a mwynhau pob taith yn rhyfeddol. Ond bu ambell daith diwrnod, yn blentyn, gartref, yn llawnach o gyffro a syndod, bob munud ohoni, na'r un o'r teithiau pellach a wneuthum wedi hynny. Bodlonaf yn awr ar sôn am y daith i farchnad Llandeilo.

Saif tre fach Llandeilo, yng nghanol Sir Gaerfyrddin, ar oledd bryn uwchben gogoniant Dyffryn Tywi, ryw ychydig y tu allan i ffin y garreg galch a'r pridd coch sy'n fath o forder o gwmpas gwely glo'r Deheudir. Ni ellir yma ond cyfeirio at bwysigrwydd lleoliad y dre o safbwynt hanes Cymru Fu. Y tu cefn iddi y mae plas Dinefwr, hen lys Tywysogion y Deheubarth, a chestyll Carreg Cennen a'r Dryslwyn bron yn y golwg. Ac o grybwyll enw'r Dryslwyn teimlaf fod englyn fy hen weinidog annwyl, y diweddar J. T. Job, yn rhy dda i'w adael allan. 'R oedd Job yn dychwelyd o'i daith bregethu, ryw dro ; ac o'r trên fe welodd oen bach cynta'r gwanwyn yn sefyll yn siriol ynghanol adfeilion Castell y Dryslwyn ar y bryncyn serth uwchben. Y noson honno daeth Job i'n tŷ ni, a thân yr awen heb ddiffodd yn ei lygaid gleision hardd, gan adrodd yr englyn godidog hwn a luniwyd ganddo ar y ffordd adre :

Ar dwyn y Dryslwyn fe drig—weithian rith
O'i hen rwysg cyntefig ;
Ac ar lain fu'n darstain dig
Barwniaid, fe bawr oenig !

I'r dwyrain o Landeilo y mae'r Mynydd Du, a Llyn y Fan yn y pellter ; tre Caerfyrddin bymtheg milltir i'r de, a'r Grongaer a phlas Gelli Aur ar y ffordd yno. Ychydig i fyny yn Nyffryn Tywi y mae plas Abermarlais, cartre Syr Rhys ap Thomas ; a thros y bryniau, ryw wyth milltir tua'r gogledd, y mae adfeilion hen fynachlog Talyllychau, a phlas Rhydodyn gerllaw. Pethau yw'r rhain i gyd, wrth gwrs, na wyddwn i ddim amdanynt, y pryd hwnnw ; ac eithrio ein bod ni'n gweld y Mynydd Du a Bannau Brycheiniog ugain milltir i ffwrdd, o dop ein tir ni, gartref, a bod sŵn y trên, yn glir, yn gyrru, draw dros bont Llangadog, yn arwydd o dywydd teg drannoeth . . .

Ar y ffordd i Landeilo yr oeddem, ond fod cymaint i'w weld a'i ddweud ymhob man. Dyma ffrynt plas Rhydodyn ar y dde i ni, ac afon Cothi yn rhoi tro o'i flaen, rhyngom ag ef. Mae gweld yr enwau,—Cothi a Thywi a Theifi a Gorlech—yn cyffwrdd â rhyw nerf cyfrin ynof i erioed. Cofiai fy mam, gyda llaw, cyn codi ' pont harn ' Rhydodyn yr awn drosti'n awr. Byddai hi'n groten fach o Riw'r Erfyn, ' brwchgau bagalabowt ' wrth gwrs, yn mynd â cheffyl, weithiau, yn lle un o'i brodyr hŷn, i gwrdd â'r llwyth calch o odynau Llandebie, bymtheg milltir ymhellach, hyd at afon Cothi. Pan fâi llif trwm yn yr afon, câi'r ceirts calch, res ohonynt yn dilyn ei gilydd, fynychaf, ganiatâd i fynd ar hyd y dreif a thros y bont breifet o flaen y tŷ mawr.

Ychydig yn is i lawr, eto, y mae rhiw Cil Llyn Fach. Rywle, tua'r fan hon, yr oedd fy nhadcu, tad fy mam, ryw fin nos yn yr haf, yn dod adre'n ddyfal, â'i lwyth calch yng nghwmni nifer eraill, pan ddaeth tair neu bedair o ' ferched Beca' ar gefn eu ceffylau heini i gwrdd â nhw, a'u rhybuddio i gymryd pwyll am dipyn a gofalu'n dyn bach am eu ceffylau, os clywent beth sŵn saethu yn nes ymlaen. Erbyn i wŷr y calch gyrraedd hen dŷ'r gât ar ben hewl Clun March, Tŷ Meicel fel y'i gelwid, ryw gwarter milltir y tu ucha i bentre Llansewyl, dyna lle'r oedd yr hen gât wedi ei darnio'n yfflon â bwyelli a gyrdd a llifiau, a'r llanast a mwg y goelcerth ohoni, o hyd, o gwmpas y lle. Nid oedd sôn am ' y merched ' erbyn hyn. 'R oedden nhw wedi cwpla'u gwaith a mynd adre'n deidi. Dyn ifanc, tawel, ymdrechgar oedd fy nhadcu, fel y bôch chi'n gwybod 'n awr ; a'r adeg honno heb briodi. Ni chymerai ef lawer am darfu ar heddwch y wlad. Ei unig gyfran ef yng nghynnwrf y Beca fu arwain ei bâr ceffylau heibio i hen Dŷ Meicel y noswaith honno, am y tro cyntaf yn ei fywyd, ryw rôt neu whecheiniog yn elwach yn ei boced. Ac i un fel ef, heb ormod wrth gefn, efallai, a'i fryd, yr un pryd, ar gymryd gwraig a chydio gafael mewn ffarm, ar ddechrau'r *Hungry Forties*, yr oedd hynny'n ddiau yn rhywbeth i fod yn ddiolchgar amdano. Nid wyf yn credu, chwaith, i'r gât hon gael ei gosod yn ôl, wedi hynny. Ond mi gredaf i gât Cefen Trysgod, ymhen y dre, Llandeilo, barhau yn ei gwaith bron hyd o fewn cof gennyf i, pan ddifodwyd, trwy gyfraith, yr olaf o'r tollbyrth hyn, er mawr ryddhad a llawenydd i bawb yn y tir . . .

Ac fel yna, cyn camu dros drothwy'r un ysgol, y dechteuais i ddysgu hanes a daearyddiaeth Sir Gaerfyrddin ; ei ddysgu, lawer ohono yn y man a'r lle, wrth ochr fy mam ar sêt y car, a gwrando arni'n sôn am ddynion a thai a choed a chaeau, am nant ac afon a llyn a welwn yn ystod yr ugain milltir ramantus, liwgar hynny, ar yr ambell siwrnai o wledda llygaid a gawn rhwng Llandeilo a Llambed' ; ac â minnau bellach, beth yn hŷn, wrth wrando ar John Jenkins, yn gymaint â neb, efallai, a'i hanesion am y byd mawr, llydan, y tu hwnt i'n gorwelion ni . . .

I mi, dyma fro y broydd, y godidocaf ohonynt oll. Dysgais ei charu, mi gredaf, cyn dysgu cerdded. Ni theithiais y darn yma o wlad erioed—o Fwlch Cae Melwas i Fwlch Cefen Sarth ac o Graig Dwrch i'r Darren Fowr—heb deimlo rhyw gynnwrf rhyfedd yn cerdded fy natur—cynnwrf megis un yn teimlo penllanw ei etifeddiaeth ddaearol ac ysbrydol yn dygyfor ei enaid. Dyma wlad fy nhadau mewn gwirionedd. Fe'm meddiannwyd i ganddi ; ac, yn ôl y gynneddf syml a roddwyd i mi, fe'i meddiannwyd hithau gennyf innau. Prin y collais wyliau erioed heb ymweled â hi. Hiraethais lawer tro am ddod yn ôl iddi i fyw ac i weithio, gan y teimlwn mai yno, ymhlith fy mhobl fy hun, y gallwn wneud fy ngwaith gorau,—breuddwyd, yn ddiau, na ddaw i ben mwyach. Oherwydd, er treulio, eisoes dri chwarter fy oes ymhell o'i golwg, a byw ynghanol cymdeithas garedig a diddan, nid aeth fy nghalon ohoni, unwaith. Nid oes i mi gartref ysbrydol ond yma. Y brogarwch *cyfyng* hwn, os mynner, a'i ganolbwynt yn 'y filltir sgwâr' yn Hen Ardal fach fy mebyd lle y gwelais i bethau tecaf bywyd a'm gwnaeth i yn Shirgar anobeithiol. Dyna graidd fy ngwladgarwch, os caniateir i mi ddefnyddio gair a enllibir gymaint, drwy'r cenedlaethau, heb i mi ei lychwino na'i ddifwyno ymhellach . . .

Hen Dŷ Ffarm. D. J. Williams.

DWY DAITH

Ond 'roedd trin ar y tir 'slawer dydd. O'r Mynydd Du y ceid y calch. Mae fel ddoe yn fy nghof y tro cyntaf yr euthum yn y wagen i ymofyn calch o'r odynau gyda Wil y Waginer. Yr oedd cystadleuaeth lem drwy'r holl gwmpasoedd p'un fyddai gyntaf wrth yr odyn. Yr oedd yr odynau rhyw ddeg milltir oddiwrth fy hen gartref, ac felly yr oedd yn rhaid cychwyn tua chanol nos er mwyn bod wrth yr odyn gyda'r wawr. Yr oeddem i gychwyn fore Llun, a gwaherddid ni i dorri'r Sabboth drwy ddechreu ar ein taith cyn bod y cloc wedi taro deuddeg. Ond er nad oedd lle i ni gychwyn, yr oedd Wil wedi dodi'r pedwar ceffyl yn barod yn y wagen fawr bedair-olwyn, Lester, a Ventin, a Duchess, a Diamond . . .

Yn union wedi'r cloc daro'r ergyd olaf o'r deuddeg ymaith a Wil fel taranfollt. Yr oedd er's dyddiau wedi bod yn dwyn ceirch i'r ceffylau nes oeddynt mor llawn ysbryd a hwyl gystadleuol a Wil ei hun. Golygfa hardd, gallwn feddwl, oedd gweld y pedwar ceffyl mawr porthiannus, a'u mwng a'u cynffon wedi eu plethu, ac yn edrych mor ffroenuchel yn eu cerbyd amryliw—coch a glas a gwyn—â meirch rhyfel. Yr oeddem fel pe tae yn hedeg heibio plas Abermarles, Wil yn sefyll yn gryf ar ei draed yn y wagen, a minnau yn gorwedd yn fy hyd ar wely o wellt yn y gwaelod. Cyn bo hir clywn grochwaedd Wil yn galw 'Gât' o flaen toll-borth Abermarles. Nid oedd gennym braidd ddigon o amynedd i aros hyd nes i'r hen ŵr oedd yn cadw'r gât ddod allan i'w hagor,—yn enwedig pan glywsom fod wagen Cwmbran a wagen Glandulais wedi mynd trwodd eisoes ddeng munud o'n blaen. Nid cynt y talwyd y doll ac y derbyniwyd y tocyn nag yr oeddem yn carlamu nerth traed dros Bont-ar-Dowy, a thrwy bentref Llangadog, a'r pentrefwyr yn syllu arnom drwy'r ffenestri, tra 'roedd Wil yn slashan ei chwip, a thraed y ceffylau a phwys y wagen fawr yn peri i'r ddaear grynu ! Yna rhaid oedd dechreu dringo i fyny drwy Gwm Sawdde nes dod i Bontarllechau. Bu Twm o'r Nant am ysbaid yn cadw hen gât Abermarles, ac ysgrifennodd englyn i Bontarllechau. Ni welais ef mewn print, ond rhoddaf ef fel y'i dysgwyd ef i mi,—er na wn a oes synnwyr na chynghanedd ynddo :

Penigamp, groywgamp ar greigiau—pincod
   Pencydiad mân lwybrau,
  Paunes pennant gornant gau—
  Pwynt yr holl ochr, Pontarllechau.

Ar ôl y Bont rhaid oedd dringo rhiw serth hyd nes cyrraedd yr odynau calch. Wrth edrych yn ôl, mae'n rhyfedd gennyf na fuasai llawer cyflafan wedi digwydd, oblegid 'roedd Wil yn gyrru fel Jehu yn y tywyllwch dudew. 'Nawr ac yn y man byddem yn gorddiwes wagen arall,—aethom heibio wagen Cwmbran a Glandulais, diolch i'r annwyl, er iddynt hwy dorri'r Sabboth, y creaduriaid brwnt !—ac o'r chwipian a'r carlamu a'r bloeddio ! Pa fodd y gallasom basio rhyw hanner dwsin o'r wagenni yn yr heol gul ac wrth olau'r sêr yn unig yn ddi-anhap nis gwn, ac nis gofynnais, oblegid yr oedd gennyf yr hyder mwyaf diysgog yn neheurwydd Wil fel gyrrwr ; ond cyraeddasom yr odynau fel yr oedd y wawr las yn torri dros y Mynydd Du,—y cyntaf oll o'n hardal ni ! . . .

. . . .

Pan gawsem gyfle, yr oeddem ni'r plant yn hoff o glywed Wil yn adrodd y stori pa fodd y cipiwyd ef un noswaith gan y diafol. Honno, a 'stori'r cel-pren' (oblegid dyna'r gair y pryd hwnnw am *bicycle*) oedd dwy stori Wil ; ond o'r ddwy, 'stori'r Gŵr-Drwg' oedd yn cael y lle blaenaf gyda'r plant. Nos Ffair Fedi Llangadog oedd hi. Yr oedd Wil wedi bod yn y ffair, ac wedi bod yn ennill ychydig docyns (*h.y. tokens*, neu geiniogau,) drwy helpu'r porthmyn i fynd â'u da ymaith gyda'r trên i Landeilo, oblegid dyna oedd y stesion nesaf yn y dyddiau hynny. Gan fod ganddo saith milltir i gerdded adref, yr oedd yn hwyr ar Wil yn dychwelyd i'r Gelynen, lle'r oedd yn byw gyda'r hen wraig ei fam.

Pan ddaeth i Ben-duad, croesffordd mewn lle unig, yn ddisymwth gwelodd Wil ryw ledrith enfawr yn y llwydnos. Arhosodd yn frawychus, a'i galon yn curo yn erbyn ei eis, nes iddi bron hollti.

'Dere gyda fi !' ebe llais fel trydan wrth Wil.

'Ble'r ŷch chi'n mynd, syr ?' oedd gofyniad naturiol Wil.

'Paid a balban,' atebai'r llais, 'fe ddangosa i'r ffordd i ti.'

Gyda'r gair, dyma Wil yn teimlo llaw ar ei ysgwydd yn gafael ynddo mor dynn fel y teimlai fel pe tae haearn poeth ar ei gnawd.

'O, peidiwch a'n sero i, os gwelwch chi'n dda, syr,' ebe Wil.

'Hisht !' ebe'r llais yn sarrug, 'neu fe sera i di gorff ac enaid.'

Erbyn hyn yr oedd Wil druan yn crynu fel y ddeilen. Llusgwyd ef oddiar yr heol, drwy'r berth, i gwm Llwyn-tywyll gerllaw.

''Roedd hi mor ddued â'r fagddu erbyn hyn,' arferai Wil ddywedyd, 'a 'doedd dim posib i fi weld yn llaw o fla'n y'n llyged. 'Roedd y llaw dân yn gafaelyd yn fy ysgwydd o hyd, ond 'dallwn i weld dim ond rhyw hwdwch fileinig, gymaint dairgwaith o faint na fi. "Cydia yn hwn," mynte'r Gŵr Drwg, wa'th rwy'n siwr mai'r hen Fachgen o'dd 'no, wa'th 'ro'dd e'n gwynto o dân a brwmstan.

'A dyma finne'n cydio yn rhywbeth, a theimles mai pen pâl o'dd hi. "Torra dwll man hyn," mynte'r Gŵr Drwg, a gorfu i fi 'neud. Ar ôl torri a thorri am awr a rhagor, nes o'wn i'n 'whŷs poten, dyma'r bâl yn bwrw yn erbyn twlpyn o ha'rn. " Cydia yn hwnna," mynte'r Gŵr Drwg, " a thyna fe i fynydd."

'Fe gydies yn yr ha'rn, ac fe dynnes i'r lan grochon mowr, a fel rhw gawl o frwmstan yn berwi yndo fe, ac yn gneud sŵn ofnadwy. Cyn i fi ga'l amser i feddwl dyma fe'n cydio yndo i wrth 'y ngwegil, ac yn hedfan a fi i'r awyr, a'i adenydd mowr ar led fel adenydd 'slymyn, a'r hen grochon yn fy llaw o hyd,—wa'th do'dd dim posib ca'l yn llaw yn rhydd oddiwrtho fe, fel pe buse fe'n un o'r hen *fachines* yna sy' yn y ffeire. I'r lan, i'r lan yr euthom ni, nes mod i'n credu y buse 'mhen i'n bwrw yn erbyn rhyw seren, ac 'roedd Clochdy Llansadwrn ddim yn fwy na marblen fach yn 'y ngolwg i. A dyna ni'n hedfan yn gynt na gwenolen drwy'r awyr a thua'r Mynydd Du, a feddyles i byth y gwelswn i neb o'm ffrindie wedyn. " Ffarwel, Gelynen Fach," myntwn i wrth fynd. " Mae mam druan yn y nisgw'l i ga'tre, yn darllen y Beibl wrth y tân, ond welith hi Wil y mab byth yto." '

Erbyn hyn, 'roedd Wil yn tywallt dagrau, a ninnau'r plant, ie, a phobl mewn oed hefyd, yn gwrando gyda dychryn a galar.

' "Ffarwel, hen Gapel Seion," myntwn i wedyn, "llawer i odfa flasus ges i rhwng dy welydd, ond welith neb ohono i yna yto. Ffarwel, Bryn Towy annwl, lle mae Mr. Tomos y gweinidog yn byw,—mae 'e wedi bod yn garedig iawn i'r hen Wil, ac wedi ei helpi i ga'l gras. Ychydig feddyliodd e' na neb arall y buswn i byth yn hedfan bant dan adenydd y Gŵr Drwg."

'Ac yna bant â ni dros y Towy a heibo Llangadog fel y fellten, a lan a ni dros Gwm Sawdde, a heibo Llanddeusant, nes y dethon ni uwchben Llyn-y-Fan Fach. A dyma'r Gŵr Drwg yn gweiddi rhwbeth fel ta fe'n rhegi mewn iaith ddierth, ond nag own i ddim yn diall un gair ond " Abracadabra," a fe'n shiglodd i mor greulon nes y colles i'n ngafel ar yr hen grochon, a dyma hwnnw'n cwmpo i'r llyn, a'r cawl berwedig yndo fe. Ym mhen eiliad wedyn, dyma'r llyn i gyd yn berwi nes oedd y tonne'n wyn ar i wyneb, a'r pysgod yn neido i'r tir, ac ar hynny dyma ladi wen yn codi o ganol y llyn, ac yn rhoi sgrech ofnadwy, ac yna fe gwmpodd 'nôl i'r dŵr, a suddodd o'n ngolwg. " Ha! ha!" ag fe wherthinodd y Gŵr Drwg nes o'dd yr holl le'n crynu, a finne'n crynu'n fwy na dim. " Wel, 'rwyt ti wedi gneud dy waith," mynte fe wrtha i, " a fe af a ti'n ôl i Lansadwrn, 'y ngwas i. Uchel wynt, neu isel wynt fynni di ?"

' 'Rown i wedi ca'l digon ar fod yn y cymyle, ac 'rown i wedi dotio'n arswydus. " Isel wynt, un isel iawn, syr, os gwelwch chi fod yn dda," myntwn i. A gyda'r gair dyma ni'n cwmpo fel carreg blwm o'r awyr, nes own i'n meddwl y cesen ni'n towlu'n rhacs-jibardêrs yn erbyn y creige coch sy' rownd i'r llyn. Ond fe stopodd yn syden pan o'en ni rhyw ugen tro'dfedd o wrth y ddaear, a bant a ni fel tân gwyllt yn ôl tua Llansadwrn. Fe ddeuthon yn ddianhap hyd Bontarlleche. " Dipyn bach yn uwch, os gwelwch chi'n dda, syr," mynte fi, wa'th 'rown i'n gweld fod brige'r co'd ar ein ffordd. " Bydd yn llonydd ", mynte'r Gŵr Drwg, " isel wynt ofynsot ti am dano, ag isel wynt gei di ". A bant â ni drwy frige'r co'd, a thrwy'r perthi, a'r drysni, a'r drain, nes o'dd 'y ngwyneb i'n gwaedu, a 'nghnawd yn ddolur i gyd. 'Nol â ni dros Langadog, lle bues i jist â bwrw yn erbyn clochdy'r eglws, a thros y Towy, ac i'r lan tua'r Gelynen. " Arglwydd grasol, cadw fi," myntwn i, wa'th 'rown i'n meddwl fod fy niwedd i wedi dwad a 'down i ddim wedi 'styried am weddïo o'r bla'n.

' Yn y man dyma'r Gŵr Drwg yn rhoi sgrech arswydus, a dyma fe'n 'ngellwng i'n rhydd. Fe gwmpes ar 'y mhen ar ben y mwdwl gwair ar bwys y tŷ, a dyna lwc mai ar hwnnw y cwmpes i, neu fu'swn i ddim byw i 'weud yr hanes. Mae'n rhaid i fi fod wedi ffeintio, wa'th 'wy' ddim yn cofio dim wedyn hyd nes i fi ddwad ato'n hunan bore dranno'th, a'r houl wedi codi ers orie, a hen wraig 'y mam bron colli arni'i hunan, am nad o'dd Wil i mab wedi cyrraedd gatre o'r ffair.'

'S Lawer Dydd. W. Llewelyn Williams.

PANTYCELYN

Dyna beth rhyfedd yw ymweld â mangre gysegredig onide? Er cymaint y bydd dyn yn ei baratoi ei hun, yn wir efallai mai oherwydd y paratoi, rhyw deimladau cymysg fydd yn cyniwair drwyddo wrth edrych ar y fan lle bu un o wŷr enwog y genedl yn treulio'i ddyddiau. Felly y teimlwn i wrth edrych ar ffermdy Pantycelyn. Methu â chredu, rywfodd, mai o'r tŷ hwn y tarddodd y llifeiriant hwnnw o emynau tanllyd a roes Gymru ar dân. Gwneud ymdrech i ddychmygu Mali'n cynneu cannwyll ar ôl cannwyll yn oriau'r gaeaf, a'r Pêr Ganiedydd yn crymu dros fwrdd y gegin, a'i ysgrifbin yn duo dalen ar ôl dalen wen, wrth iddo 'draethu maes ei brofiadau.'

Cawsom groeso cynnes gan deulu presennol Pantycelyn, a chael eistedd yn y gegin, a chlywed sŵn tipiadau'r cloc a oedd ar gerdded yn yr ystafell hon yn nyddiau'r emynydd ei hun. A dyna'r unig gelficyn o blith eiddo'r emynydd sydd yn aros yno bellach . . .

A dyma gartref y mwyaf, efallai, o holl feirdd Cymru? Diau bod Dafydd ap Gwilym yn fwy o artist, ond yr oedd William Williams yn fwy o ddyn, a phetai raid, mi ffeiriwn lawer o gywyddau Dafydd am un o emynau gorau Pantycelyn. Ond diau ein bod yn ffôl wrth gymharu dau fardd mor wahanol i'w gilydd fel hyn ; a diolch nad oes ofyn inni ddewis rhyngddynt. Ond o'r braidd y derbyniodd Pantycelyn ei le haeddiannol yn hanes llenyddiaeth Cymru. Ei drasiedi ef yw inni ganu gormod ar ei emynau, ac ar gerddi nas bwriadwyd erioed i'w canu. Y mae Saunders Lewis, yn ei astudiaeth ddisglair, wedi agor y maes, ac wedi dangos beth o fawredd y dyn, a'i weithiau, ond efallai fod y rhagfarn yn erbyn rhai o ragdybiau Mr. Lewis wedi atal cydnabod y gymwynas aruthrol a wnaeth ef trwy ei ddadansoddiad treiddgar o greadigaethau yr athrylith hwn. Prawf o'r esgeulustod a ddioddefodd Pantycelyn yn y ganrif hon yw'r ffaith na welsom, hyd yma, ailgyhoeddi ei weithiau'n gyflawn. Pe bai Pantycelyn yn perthyn i unrhyw wlad arall byddai ei phrifysgol neu ei chyhoeddwyr wedi cyflawni hyn o ddyletswydd. Y mae'r gwaith yn un pwysig, oherwydd o'r braidd y gellir deall y Diwygiad Methodistaidd ar wahân i astudiaeth lwyr o'i weithiau. I unrhyw un a fynno ddechrau deall y ffenomen rhyfedd hwn yn y ddeunawfed ganrif, rhaid iddo ymroi i astudio'n fanwl bob llinell o'r gerdd fawr honno, *Theomemphus*. Yr wyf yn sicr yn fy meddwl fy hun mai ychydig o ddiolch a roddai'r Pêr Ganiedydd o glywed bod ei emynau yn fwyd a diod Cymanfaoedd Canu, a bod ei weithiau eraill, megis *Theomemphus* a *Drws y Society Profiad*, dan lwch esgeulustod. Pobl y seiat yn unig sydd â hawl ar yr emynau, a rhywbeth yn agos at gabledd ydyw eu troi'n foddion difyrrwch emosiynol, fel y dangosodd yr emynydd ei hun yn ei ragymadrodd i gasgliad o'i emynau.

Ef wrth gwrs yw tad yr emynwyr, ac fel y dywed y Dr. R. T. Jenkins, cymerodd ' afael yn y gân rydd a dyrchafodd hi o'i hisel radd i gyd-eistedd â'r gynghanedd . . . '

Ganwaith yr ymadawodd ar ei boni o Bantycelyn ; a sawl gwaith, tybed, y cerddodd Mali at ddrws y tŷ i weld a oedd ei phriod ar gyrraedd yn ôl o'i deithiau ? Dichon fod llawer o brofiadau ei deithiau ar hyd a lled Cymru yn y geiriau yma :

> Yno caf i ddweud yr hanes
> Podd y dringodd eiddil gwan
> Trwy afonydd a thros greigydd
> Dyrys, anial, serth i'r lan.

Ac y mae'r drychfeddwl yma o daith a theithio yn amlwg yn ei emynau, sy mor gyfarwydd nad oes angen eu crybwyll.

Gwrandewch ar y teithiwr diflino yn bwrw'i gŵyn, yn ei gystudd olaf, mewn llythyr at Thomas Charles o'r Bala.

> deallwch, er fy mod wedi gwella rhyw faint o'r poen dirfawr fu arnaf, nid wy' ond gwan a llesg eto, ac yn analluog iawn ac nid oes genny' fawr obaith galla'i ddyfod allan fawr neu ddim byth mwy ; am fy mod yn

> driugain a thair ar ddeg oed, ond meddyliwch fath siomedigaeth i ddyn ag oedd yn trafaelio agos i dair mil o filltiroedd bob blwyddyn tros 50 o flynyddau fod yn awr heb drafaelio rhagor na 40 troedfedd y dydd, sef o'r tân i'r gwely . . .

Ac wrth eistedd yn y gegin, yn yr union fan, hwyrach, lle yr eisteddai ef gynt, nid oedd yn anodd tynnu darlun o'r olygfa yn y meddwl, a gweld yr hen wron, a'i Feibl, yr unig lyfr o'i gannoedd llyfrau y câi flas arno bellach, ar ei liniau, a Mali'r wraig yn troi o'i gwmpas ac yn gweini i'w reidau . . .

Wrth ymadael â Phantycelyn sylwais ar *sun-dial* ar y lawnt fechan o flaen y tŷ ac arno'r llythrennau W. W. Ni wyddai gŵr y tŷ ai eiddo William Williams ydoedd ai peidio, ond yr oedd y rhamantydd ynof yn hoffi meddwl hynny. Ond ta wnaeth am hynny, y mae'r Pêr Ganiedydd erbyn hyn mewn gwlad nad oes fesur amser ynddi. Ac wrth droi tua Llanymddyfri unwaith eto cofiwn am feddysgrif Williams i Theomemphus, sy'n crynhoi mor gryno yrfa'r gŵr mawr o Bantycelyn.

Wel dyma'r dyn a garwyd, a gannwyd yn y gwaed,
Deng miliwn lawn o feiau faddeuwyd iddo'n rhad ;
Ei dynnu wnawd o'r danllwyth, ac yntau yn mynd i lawr,
Fe gadwyd hwn o uffern, mae e' yn y Nef yn awr.

Fi ga fy nghorff i fyny, fel fy Anwylyd cu,
Heb nwydau drwg byth mwyach i'm blino fel y bu ;
'Does dyn ŵyr is yr wybr ddedwydded yw fy lle,
Ac nis gall dyn ddychmygu dim am bleserau'r ne'.

Heb saeth, heb fraw, heb ofn, heb ofid ac heb boen,
Yn canu o flaen yr orsedd, ogoniant pur yr Oen.
Ynghanol myrdd myrddiynau yn caru oll heb drai,
Yr Anthem ydyw cariad, a chariad i barhau.

Crwydro Sir Gâr. Aneirin Talfan Davies.

SIR FORGANNWG

SIR FORGANNWG

Mor wag dy lowyr yn eu dillad gwaith
A llwch y glo yn fwgwd ar eu pryd,
Arian papur y gyfnewidfa faith,
Allforion ym mhorthladdoedd gwanc y byd :
Codasant, yng ngwrthryfel cig a gwaed,
Fandrel a rhaw i daro Duw eu hoes,
Ond hoeliwyd hwy'n dynnach, ddwylo a thraed,
A rhoddi mwy o sment wrth fôn eu croes.
Y Sul a rydd amdanynt ddillad glân
Ac yn eu hwyneb olau enaid byw,
Ac yn y cysegr clywir yn eu cân
Orfoledd gwerin bendefigaidd Duw ;
Tynnir y caets o waelod pwll i'r nef
A rhaffau dur Ei hen olwynion Ef.

Ysgubau'r Awen. D. Gwenallt Jones.

MORGANNWG

. . . .

Bu ym mron ei thir mirain
Fythynnod liw ôd ar lain,
A thoeau gwellt prydferth gynt
Yn nawdd rhag yr hin iddynt.

Ond daeth rhaib a sŵn ceibio
Y fandrel i'r lefel lo,
Y dydd blin troi'r werin war
I dywyll grombil daear.
A gwŷr y cnydiog erwau
A drodd o'r medi a'r hau,
A dyfod yn haid ufudd
I'r cwm am y trysor cudd :
O rwn maes er ' arian mawr,'
O'r dolydd iach i'r dulawr.

A daeth clytwaith gymdeithas
Y glo i Forgannwg las.
Y prydferth a aberthwyd
I wneud lle i'r rhandai llwyd ;
Lle bu gwig a gwledig lôn
A ffrith daeth cyffro weithion.
Aeth llwch i'r perthi llachar
A'r haen ddu dros fronnydd âr.
Yma ni ddychwel tramwy
Na sŵn ffraeth hwsmonaeth mwy.

. . . .

Erys darn heb ei sarnu,
Ail gardd deg heb lygredd du ;
Bro Wen ! Fe bery honno
Yn dir glas heb ludw'r glo,
Â'i di-ystaen deios teg
A naws yr hen Wenhwyseg :
Y don â'i braich amdani
A theg draeth i'w godre hi.
A'i choed dan faich o adar—
Ni thau'r gerdd yn ei thir gwâr.

Dwy ran sydd i Forgannwg ;
Un, dan faich cyndyn o fwg,
Eithr y llall, ar drothwy'r lli,
A gwedd doreithiog iddi.

Rhydd dyn wrth gerdded yno
Ei dirion fryd i'r Wen Fro,
Ond i mi bro lludw a mwg
Yw'r geinaf ym Morgannwg,
Lle mae clytwaith gymdeithas
A gwyrthiol hil y Graith Las . . .

Beirniadaethau a Chyfansoddiadau, 1956. T. Llew. Jones.

CRAIG-CEFN-PARC

Craig-Cefn-Parc ; yno y'm ganed, ym mhlwyf Llangyfelach, neu fel y'i sillafwyd gan y cofrestrydd 'Llangafelach.' Fe orwedd y plwyf yn eithaf gorllewin Morgannwg, braidd na ellir dweud ei fod yng nghyrrau eitha'r byd, oblegid y Betws yw'r plwyf agosaf ato, yn sir Gaerfyrddin. Mewn cyfarfod gweddi yng Nghlydach dros chwech ugain mlynedd yn ôl, rhagwelai rhyw hen frawd y byddai i'r Efengyl gyrraedd Ynysoedd Môr y De, hwyr neu hwyrach, ac o bosibl Graig-cefn-parc ar ôl hynny. Wel, nid yw'r hen bentref mor bell na chynddrwg â hynny chwaith, ac yr oedd y Newyddion da yno bron cyn i'r hen frawd godi oddi ar ei liniau.

Clydach yw enw'r afon a red drwy waelod y cwm ; afon yn dod o'r un fan â'm tadcu, sef mynydd y Baran, ond ei bod rywfaint yn hŷn na'r hen ŵr er ei alw yntau yn Noah. Yn uchel, uchel, ar lechwedd serth yn ymgodi o'r afon y safai'n tŷ ni, a haul y bore'n torri'n siriol ar ei ffenestri bychain, a blodau Border Bach fy mam yn dal ei liwiau teg. Ni pherthyn i'r ardal nemor ddim llecynnau hynafol o bwys ac eithro, efallai, Garn Lachart a Pen-lle'r-castell a Gellionnen. Ni ddenwyd na'r Rhufeiniwr na'r Norman yma . . .

Gwlad amaethyddol a fu tan ryw chwe ugain mlynedd yn ôl, a'i hamaethwyr yn preswylio yn Llidiardau, Nant-y-milwr, Twll-y-Gwyddyl, y Fagwyr a Llwyn-domen. Bodlon oedd y tyddynwyr ar leoedd llai a elwid Tŷ Lwydyn, y Goetre Bach a Tu-hwnt.

Yna fe ddarganfu rhywun fod glo—aur du Morgannwg—dan gromen ddiraen yr hen ardal, ac er hynny tan heddiw dyna fu unig ddiwydiant y gymdogaeth. Eithriad prin oedd y rhai a ddaeth yma i fyw fel canlyniad i'r darganfod hwn : rhai o Geredigion a Chaerfyrddin, un teulu cyfan o'r gogledd, a dau neu dri o Wlad yr Haf. Cyn hir yr oedd y graith las nodweddiadol ar bob wyneb a neb yn ei diarddel. Am chwech o'r gloch bob bore, am un y prynhawn, ac am bump o'r gloch yn yr hwyr fe ddynodai'r hwter gras amser codi, amser cinio, ac amser gorffen gweithio. Yn y gaeaf byddai llewyrch y lamp fach a sŵn esgidiau hoelion ar y llwybrau igam-ogam ar Gellionnen, Mynydd-y-gwair a Gelliwastad— pawb ar ei ffordd i'r lofa.

Yn awr ac yn y man digwyddai damwain, ac y mae gennyf atgofion aethus amdanynt hyd y dydd hwn : torf angladdol, fudan yn cyd-gerdded o'r lofa gyda brig y nos, ac un yn fwy mudan na'r lleill ar elor plaen dan len dywyll—damwain ! Golygfa drist oedd rhesi o lampau cynn yn goleuo'r ffordd arw tuag at ddrws bwthyn na fyddai byth yr un ar ôl y diwrnod hwnnw . . .

Abertawe oedd ein tref agosaf—rhyw saith filltir i'r De. Yr oedd mynd am 'dro i'r dre' yn ddigwyddiad tra phwysig. Prin oedd y rhai a âi am wyliau haf i newid yr awyr, a Llansteffan a Llanwrtyd oedd y dewisfannau. Ystyrid bod y Ceinewydd yn rhy bell, ond wedi cyrraedd yno ei fod ychydig yn rhatach—grôt y nos—yr ymwelydd i lanhau ei esgidiau ei hun. A chan fod Abertawe mor bell—pellach o lawer nag yw heddiw,—fe ddôi masnachwyr bach y dre a'u marsiandïaeth brin gyda hwy i'r Graig. Yn eu plith yr oedd John y Llestri. Byddai'n cario basged enfawr ar ei ben, yn gorwedd ar dorch esmwyth a thrwchus ac yn llawn o lestri pridd. Yn Gymraeg y siaradai wrth fargeinio, gan daro ewin ei fawd ar ymyl y llestr nes seinio ohono fel yr arian pur. Pa fodd y medrai gario cymaint baich heb ddiffygio sydd ddirgelwch i mi hyd y dydd hwn. Ymwelydd diddorol arall bob dydd Sadwrn oedd 'Marged y cocs.' O Ben-clawdd yng Ngŵyr y deuai hi, yn gwisgo pais a betgwn coch, a chynhaeaf traethau'r môr ar ei phen ac ar ei braich hithau. Petawn i arlunydd, gallwn y funud yma dynnu llun y ddau : yr hen John â'i dalcen yn chwys diferu, a Marged â gwên siriol ar ei hwyneb a'i symudiadau'n osgeiddig iawn.

Pedair Pennod. Crwys.

Y FERCH O'R SGÊR

Y mae Caerlleon Fawr yn ddigon pell o'r Sgêr, draw ar Fôr Hafren ; ond mewn siop lyfrau yng Nghaer, ar awr wag rhwng dau drên, y gwelais i gyntaf gopi o'r *Maid of Sker*, gan R. D. Blackmore. Yr unig un o lyfrau Blackmore sydd wedi byw, fel y gŵyr pawb, yw *Lorna Doone*. Ond cyffrôdd y copi hwn o'r *Maid* fy chwilfrydedd. Onid oeddwn yn edrych ymlaen at fynd i Eisteddfod Pen-y-bont yn bur fuan ? ac oni byddai'n dda imi gasglu rhagor o ' local colour ' cyn mynd yno ? Talwyd y ddeuswllt a ofynnid am y llyfr, ac ymroddwyd i'w ddarllen yn y trên o Gaer i Gaerdydd, gan esgeuluso'r llenyddiaeth fwy sylweddol a roddwyd yn fy mag cyn cychwyn.

Nid na wyddwn ryw gymaint am lwyfan y nofel hon. O ben craig Llantrisant, chwi gewch olygfa wych. Oddi tanoch, wele holl Fro las Morgannwg. Ni chanfyddwch ryw lawer o'r manion, oblegid er gwaetha'i henw Saesneg ' The Vale ', nid llawr gwastad mo'r Fro, eithr silff o wrymiau a phantiau. Ac yn y pantiau, gan amlaf, y mae'r pentrefi a'r treflannau prydferth—ni welwch hyd yn oed mo'r Bont-faen, prifddinas y Fro. Y tu draw i'r glesni, os bydd llygedyn o haul, dacw Fôr Hafren yn disgleirio, a'r tu draw i hwnnw arfordir creigiog Gwlad yr Haf a Dyfnaint, a llen gefn o fryniau uchel. A dalier i gofio bod y wlad ar draws y dŵr yn *rhan* o fywyd y Fro, serch mai Cymru sydd y tu yma i'r dŵr a Lloegr y tu hwnt iddo. Ar ryw ystyr, *llyn* yn hytrach na môr yw Môr Hafren ; ar hyd oesau Hanes (a chyn hynny) bu dyfal gyniwair ar ei draws, ac y mae hynny wedi effeithio'n drwm ar hanes Morgannwg. Nid damwain yw bod rhan o stori'r *Maid of Sker* wedi ei lleoli ym Morgannwg a'r rhan arall yn Nyfnaint—yn wir, cymdogedd y ddwy ardal yw hanfod y nofel. Ac nid damwain (fel y ceir gweld eto) oedd i Blackmore, gŵr o Ddyfnaint yn ei wreiddyn, weu stori am Drenewydd Notais a'r Sgêr.

Craffwch eto, o ddisgwylfa Llantrisant, ar y gongl eithaf ar y llaw dde ichwi. Gwelwch rywfaint o'r hacrwch diwydiannol ar odre Pen-y-bont. Ond gwelwch hefyd, dan yr haul, fflach o *aur* yn cystadlu ag arian y Môr. 'Gwaren Merthyr Mawr' sydd yno: twyni o dywod melyn, dechrau'r wlad ddieithr rhwng aber Ogwr ac aber Afan. Yn ei phen gorllewinol, y mae rhyfel a diwydiant wedi sarnu arni—yr allt odidog (gynt) ar lethr Margam wedi ei difrodi, a'r morfa wrth ei throed yn cael ei lyncu gan weithiau dur. Eto, efallai y daw hynny, ar ystyriaethau eraill, â rhyw gymaint o ddaioni yn ei sgil . . . Sut bynnag, dyma'r ardal y canfyddir congl fechan ohoni o Lantrisant draw. Megis Morfa Gwynllŵg (rhwng Casnewydd a Chaerdydd) y mae'n 'agos iawn, ac eto 'mhell' o'r byd prysur: priffordd y Frenhines o Ben-y-bont i Aberafan, gyda godre'r bryndir, nid yn unig yn ffin ond megis yn glawdd rhyngddi a 'bywyd mawr y byd'; y ffordd haearn fawr yn cyflymu *drwyddi* heb ymyrraeth â hi—heb un stesion rhwng y Pil ac Aberafan. Gwlad ddiarffordd neilltuedig; gwir fod Porthcawl a'i firi mewn congl ohoni—ond congl *ydyw*. Ac ar ryw olwg, gwlad brudd . . .

Casglu Ffyrdd. R. T. Jenkins.

BRO MORGANNWG

. . . Fel y gŵyr yr ymwelydd, nid gwlad wastad mohoni ar y cyfan, ond gwlad weddol isel, donnog a thwynog, gyda rhai dyffrynnoedd llydain, ac ambell gwm cul, megis yn Llandochau'r Bont-faen ac yn Llancarfan; gwlad o gilfachau hyfryd, o droetffyrdd ac o lonydd culion, gyda'i phentrefydd bychain yn llathru yma a thraw, gwlad wahanol, ar lawer ystyr, i gynefin y rheini ohonom a ddaw o siroedd eraill Cymru. Trwyddi rhed yr afonydd Elái, Ddawan, Ewenni ac Ogwr, a llawer o fân nentydd. Dyma gynefin Iolo; dyma'r wlad y mae enwau ei phlwyfydd, a'i phentrefydd, a'i phlasau yn canu fel clychau yn y ffugiadau, ac felly, nid amhriodol yma fydd rhoi disgrifiad byr ohoni, gan nodi rhai o'r mannau hanesyddol a geir ynddi.

Yn y dwyrain y mae dyffryn toreithiog Elái, ' the upper part of the Vale of Glamorgan,' meddai Iolo, a'r afon yn llifo heibio i hen dref Llantrisant, lle y trigai Llywelyn ap Hywel, y cywyddwr, yn y bymthegfed ganrif, ac ymlaen trwy blwyfydd enwog Pendeulwyn, Llanbedr-ar-Fro, Llansanffraid-ar-Elái, Sain Siorys, Llanfihangel-ar-Elái, a Sain Ffagan. Cartref teuluoedd enwog yn y dyddiau a fu, yn Radur, a Llandaf, a Rhydlafar, a Chaerwigau, a Brynhelygen, teuluoedd a gaiff le amlwg yn llyfrau'r cywyddwyr a'r arwyddfeirdd. Yma y mae plas Hensol, cartref yr hen ysgwier, Richard Jenkins, a wahoddai'r beirdd a'r telynorion i eisteddfodau Ystradowen yn nechrau'r ddeunawfed ganrif. Ac yma y mae maenordy Sain Ffagan, a drowd yn ein dyddiau ni yn Amgueddfa Werin Cymru. Gwlad y taplasau, a'r gwylmabsantau, a'r fedwen haf, a'r bywyd llawen a'r ysbleddach a ddisgrifir gan un o wŷr dyffryn Elái, William Thomas, yr hynod ddyddiadurwr. Ac yn nyddiau Iolo, wedi i'r Bedyddwyr agor eu capel yng Nghroes-y-parc (neu Gornel-y-parc), yn ymyl pentref Llanbedr-ar-Fro, prifiodd yn un o ganolfannau Anghydffurfiaeth yn nwyrain Morgannwg, a rhoes Dafydd William, yr emynydd, a gladdwyd yn y fynwent, enwogrwydd cenedlaethol i'r fangre. Dylem gofio hefyd mai ym Mhendeulwyn y ganwyd ac y magwyd Thomas Williams, Bethesda'r Fro.

Awn ymlaen o Sain Ffagan, gan adael Sain Siorys ar y dde, ac yn y man deuwn i'r briffordd, yr hen ' portway,' sy'n cerdded o Gaerdydd i orllewin Morgannwg trwy berfedd y Fro. Yn y man, byddwn yn dringo'r bryn—y ' Tumble Down '—gan adael Coedrhiglan (cartref y Parch. J. M. Traherne, yr hanesydd ac un o noddwyr Iolo a'i fab) ar y llaw ddeau. Yma cawn weled gwaelod y Fro, o dueddau'r Barri a'r Rhws i Lanilltud Fawr a Sain Dunwyd, yn ymestyn draw, a bryniau Gwlad yr Haf y tu hwnt i Fôr Hafren. Yna ymlaen i bentref Sain Nicolas, a gweld y ffordd gul yn troi ar y chwith i lawr trwy Ddyffryn Golych, heibio i blas y Dyffryn. Yno y mae'r hen feddrod ystafellog, un o'r rhai mwyaf ym Mhrydain, a'r gromlech sydd yn ymyl y ffordd o'r Dyffryn i Lwyneliddon (neu St. Lythans), hen olion a gyffroes ddychymyg Iolo yn ei ieuenctid. Tybiai mai *golwch* (' moli, gweddïo ') a welir yn enw'r dyffryn, enw a âi yn ôl, meddai, i'r cyfnod pan fyddai'r derwyddon yn addoli o gwmpas y cerrig hyn, yn ei fro ef ei hun. Ond yn ei ddyddiau ef, nid dyna paham y gwyddai gwŷr Morgannwg a'r siroedd clychynol am Sain Nicolas a'r cyffiniau, eithr yn hytrach, am mai yno y ceid un o seiadau enwog y Methodistiaid. Awn yn ôl i'r briffordd, a'i dilyn heibio i'r Cotrel, cartref yr hen hanesydd, Rhys Amheurug, cyrchfa'r arwyddfeirdd yn yr unfed ganrif ar bymtheg, ac ymlaen trwy Dresimwn i fyny i ben Bryn Owen (neu Stalling Down) gyda'i glwstwr coed, gan gofio mai yma y cynhaliodd Iolo yr orsedd gyntaf ym Morgannwg. Cawn weled gwaelod y Fro fel map oddi tanom, a phentref bychan prydferth Saint Hilari gyda'i hen dai yn nythu yn y coed yng nghesail y bryn. Mynnai traddodiad mai Owain Glyndŵr a roes ei enw i'r bryn hwn, iddo ymladd brwydr yma, ac iddo am gyfnod ymguddio mewn coedwig gerllaw, a'r trigolion yn ei alw yn ' Siôn Gwdffelow.' Gellir, mewn ffordd, edrych ar Fryn Owen fel canolbwynt y Fro, ac nid rhyfedd i Iolo a'i gyfeillion barddol gynnal eu gorsedd yma yn 1795. Yna i lawr i'r Bont-faen, ' prifddinas y Fro,' ar lan yr afon Ddawan, yr ' hen dref hir yn y waun ' y mae ei henw'n ein hatgoffa am Lewis Morgannwg, ' pencerdd y tair talaith,' yr enwocaf a'r mwyaf o'i hen ddinasyddion . . .

Iolo Morganwg. G. J. Williams.

YR HAF YN DOD I FORGANNWG

O'r diwedd, mewn awr dawel,
E ffoes y rhewlydwynt ffel,
A deuthum yn gyflym, gwn,
I dwyni'th wlad o annwn.
Gwenais ym mro Morgannwg
I'm gwychder yn bêr, heb wg ;
Rhoi'r hinon llon ym mhob lle,
Heb eiriach hwyr a bore,
Rhoi cog yng ngwŷdd brigog bryn,
A deffro mwyeilch dyffryn ;
Rhoi llinos ar y llwyni,
A llawen ei hawen hi ;
Rhoi nos ag eos mewn gwŷdd
Yn gyw, a'i dien gywydd ;
Rhoi glasdwf, iesindwf serch,
Ar bob llwyn, ar bob llannerch,
Glaw Ebrill a gloyw wybren,
Nef glur iach bur uwchben,
A rhannu gwenau'r hinon
Yn rhad benllad i'r wlad lon :
Teca' man yw Morgannwg,
Toreth llawn pob dawn y dwg ;
Dedwydd rhwng mynydd a môr,
Gwlad iraidd yn gled oror ;
Bro fad deg wastad ei gwedd,
Dymunol dud y mwynedd,
Rhodiad rhydd i'm dydd diddan,
Rhodiaf ei llawr, glaslawr glân,
A rhoi'r blodau gorau'u gwawr
Yn ganllwyth hyd ei gwynllawr ;
Rhof ddeigrau Mair mewn gwair gwyrdd,
Rhoi glwysed i'w tir glaswyrdd ;
I'm glân wib, rodfan brydferth,
Meillion pawr a mellyn perth ;

Rhof achlân Gwladforgan faith
Yn ei dail yn wiw dalaith,
Gwelir o gwr bwygilydd
Ei glas bawr, a glwys y bydd,
A'i tho blodeuog a'i thwyn,
Anheddfa'r awen addfwyn.

Cywydd yr Haf. Iolo Morganwg.

TRIBANNAU MORGANNWG

Yn Saint-y-Brid mae 'nghariad,
Yn Saint-y-Brid mae 'mwriad,
Yn Saint-y-Brid mae merch fach lân,
Os caf hi o flân y 'ffeirad.

Pwy Lan, pwy Lan sy lana ?
Pwy Lan, pwy Lan sydd ora ?
Wel dyma'r Lan o lannau'r byd
Yw Lan Llanilltud Fardra.

Llan-faes, Llan-fair, Trefflemin,
A Silstwn a'r Hen Felin ;
Os aiff cardotyn ar eu traws,
Caiff fara 'chaws a 'menyn.

Llandŵ, Llandaf, Llandocha,
Llan-fair a Llanbed Ucha,
Llantrisant sydd, Llangeinwr syw,
Llangynwyd yw'r lle gora.

Mi godais gariad newydd,
Mi rois yr hen i fynydd,
Mae'n promis cwrdd, os ceidw'i gair,
Wrth Eglwys Fair y Mynydd.

CADAIR TREGARON

Tua deugain mlynedd yn ôl, y côr canu enwocaf ym Morgannwg oedd côr y Gilfach Ddu. Yr oedd canu yn eu gwaed yn y pentref hwnnw, a chystadlu hefyd. Ni chlywsai'r byd am y lle onibai am ei ganu. Aent ati ymron bob nos i ystafell ddigon diaddurn yng ngwaelod y pentre ; ac er bod y creithiau'n las ar wynebau'r bechgyn, a llawer mam ieuanc â'i baban ar ei bron, nid wyf yn disgwyl y clywaf byth ddim tebyg i'r canu hwnnw, ddeugain mlynedd yn ôl. Erys ambell ddarn i chwarae o gwmpas fy nghalon hyd y dydd hwn, a chaf fy hun fyth a hefyd yn mwmian canu hen dameidiau lleddf a glywais yn y Gilfach Ddu.

Dydd mawr y pentre oedd dydd hebrwng y côr i'r eisteddfod. Tyrrai pawb i'r orsaf, ac nid oedd lun ar waith yn y lofa'r diwrnod hwnnw. A chwarae teg i'r hen yswain, perchen y gwaith, anghofiai'r golled i gyd pan gyrhaeddai'r newydd gyda'r nos fod y côr wedi curo. Byddai ef yn un o'r rhai cyntaf i gael y newydd. Gofalai Shoni'r Achos am hynny, canys câi chwecheiniog am ei drafferth. Cyn gynted ag y cyrhaeddai'r newydd i'r lle, brasgamai Shoni druan fel hydd i gyfeiriad yr offis. 'Doedd neb byw wedi gweled Shoni yn rhedeg ond ar y teithiau hynny. Tair ceiniog oedd y tâl pan fyddai'r côr wedi colli, a chwech pan fyddai wedi ennill ; ond gofalai côr y Gilfach Ddu fod Shoni, naw gwaith o bob deg, yn cael ei chwech yn gyfan. Byddai saith neu wyth o fechgyn cryfion, dipyn yn arw yr olwg arnynt, yn myned gyda'r côr i bob man, i ofalu ei fod yn cael ' whara teg,' a chafodd mwy nag un beirniad le i edifeirwch am wneuthur camwri. Wedi cychwyn o'r côr, âi'r hen bobl, â'r plant yn eu dwylo, yn ôl i'w tai ; ond nid oedd ergyd o waith y diwrnod hwnnw, eithr cwrddent â'i gilydd ar y gongl i ddyfalu tynged y côr.

' Wyt ti'n meddwl 'nillan nhw, Marged ?' ebe gwraig y drws nesaf.

'Rwy'n cretu g'nân nhw, ferch,' ebe Marged. ''Ro'n nhw'n gwe'd fod sŵn tocins yn 'u canu nhw nithwr, ta beth.'

Ac unai pawb nad oedd dim ond ennill i fod, 'os na chelen' nhw gam.'

Modd bynnag, daeth y sôn am Eisteddfod fawr Tregaron, a chyrhaeddodd y rhaglen i'r Gilfach Ddu . . .

Straeon y Gilfach Ddu. J. J. Williams.

PENTREF GWAITH

Bu'r daith yn un bleserus i Idris a Dic Bugail a'u cymdeithion. Ac yn awr gadawsent swydd Henffordd a chyfoeth ei pherllannau a rhuthrent heibio i fryniau cromennog a dolydd ac afonydd Mynwy.

'Yr argian fawr, 'dydi Llŷn ne' Sir Fôn ddim ynddi hi, hogia'!' meddai Dic mewn syndod.

''Synnwn i ddim nad oes 'na frithyll reit dda yn yr afon 'cw hiddiw ar ôl y glaw 'na ddoe,' oedd barn Huw 'Sgotwr, a'i law, heb yn wybod iddo bron, yn cau am enwair ddychmygol. 'Ac i fyny'r afon mae'r awel yn chwythu hefyd, Wil,' meddai wrth Wil Sarah, a eisteddai gyferbyn ag ef. 'Ceiliog hwyaden ar y blaen, was, blacspeidar yn y canol, a choch fonddu fel dropar—diawch, mi faswn i'n 'u dal nhw fel pys o gysgod y goedan 'cw.'

'Aros di nes doi di at y pylla' glo, 'r hen ddyn,' sylwodd Wil yn ddoeth. 'Mae 'na afon fawr yn fan'no, yn rhedeg i lawr y Cwm, ond fyddi di ddim isio 'sgota ynddi hi.'

'Pam ?' gofynnodd Huw, a'i bwt o sigaret yn hongian i lawr ar ei wefus isaf drwchus. Yr oedd, yn ôl pob hanes ac yn enwedig ar ei dystiolaeth ef ei hun, yn bysgotwr medrus, ond mewn popeth arall un pur anneallus oedd Huw. Ateb Wil oedd anwybyddu'r cwestiwn a phoeri'n ddirmygus ond yn gywir rhwng coesau'r holwr.

Casnewydd, Caerdydd, newid trên, wedyn milltir ar filltir o lesni caeau a choed a pherthi. Newid trên eto, gwylio'r cwm yn culhau, syllu'n ofalus ar dai fel pe'n sefyll yn betrus ennyd cyn rhoi naid tros ddibyn, ar dramiau meddwon ar y ffordd uwchben, ar y tipiau glo'n ceisio newid ffurf yn ogystal â lliw y bryniau a'r llethrau, ar olwynion cyflym y peiriannau codi glo, ac ar yr afon dywyll, araf, seimlyd, islaw.

'Yr ydw' i'n gweld 'rŵan, Wil,' meddai Huw, a'i feddwl rhyw ddeng milltir ar hugain yn ôl.

'Gweld be'?'

'Pam na fedra' i ddim 'sgota yma.'

'Na, 'fydd dim angan siop filinar arnat ti yn dy gap i lawr yn fan'ma,' atebodd Wil yn sych, gan gofio'n ddirmygus am yr amrywiol blu a wisgai Huw fel rheol ar ei gap.

'Y nefoedd fawr,' ebe Dic, 'beth petai'r domen fawr ddu acw yn dechra' llithrio i lawr, hogia'! Mi fasa'n claddu'r pentra' 'na i gyd.'

Chwalfa. T. Rowland Hughes.

CAP WIL TOMOS

. . . Wel, druan o Wil, medde chi . . . Wel, ie, miwn ffordd. Ond os ôdd i fam e'n ddiflas a'i dad yn anwybodus, ôdd gyta fe *un* ôdd yn barod i gwnnu'i lewysh e bob cam : a hwnnw ôdd i Wncwl Jac, brawd i dad. Os taw llyfre ôdd byd Ifan, ffwtbol ôdd diddordeb yr hen Jac wedi bod ariôd. 'Na waniath rhwng dau frawd ! Cofiwch, bachan tidi ôdd Jac ; o, diawch, ie—colier da, a mynd i'r Cwrdd a'r Ysgol yn weddol y gyson. Ond *ôdd* e dipyn bach yn fwy ryff i ffordd na Ifan—ŷ'ch chi'n gwpod beth wy'n feddwl, Wel, ffwtbol ôdd i unig ddileit e wedi bod ariôd. Dêr, ôdd cof aruthrol 'dag e. Ôdd Jac yn gallu cofio pwy ôdd yn whare yn y man a'r man ar y pryd a'r pryd ac ymhle, pwy scorws, faint o gape ôdd hwn a hwn wedi gâl—a'r petha 'na i gyd. Ôdd o hyd yn ôd yn cofio shw sane ôdd Percy Bush yn wishgo yn 1905, beth ôdd gwaith tad Gwyn Nicholls, pwy odd mamgu Dicky Wen, a'r *details* bach 'na bob un.

Wel, fe allwch chi ddychmygu beth ôdd e'n feddwl am Wil. 'Weles i ddim shw ffys yn 'y mywyd. Dim ond ' Wil mab Ifan 'y mrawd ' ôdd i glŵed 'dag e.

. . . ' Ho, glŵes di am Wil, mab Ifan ni ? Mae e'n whare i'r *University*, shgwl ! Fe neiff e *forward* da ed., mae e'n ffast, ma dwy law 'da fe fel dwy raw, *a* ma pen arno 'fe. Fe gei i weld, fe eiff e'n bell ; watsha beth wy'n weyd 'rthot ti !'

. . . A whare teg i'r hen Jac, y gwir wetws e ed. Ôdd Wil yn whare i Abertawe ymhell cyn cwpla yn yr *University*— wel, ŷ chi'n cofio cystel a finne, wrth gwrs. Dêr, ôdd Jac wedi hurto ! Odd e lawr ar St. Helens yn gweld pob gêm, —yn y *stand* ed, os gwelwch yn dda. A 'wni sawl tyrn gollws e'i fynd lan i Gloucester a Coventry a'r llefydd 'na yn unig swydd i weld Wil yn whare.

Fe âth ag Ifan gyta fe unwaith i weld gêm yn Abertawe. Cofiwch, ôdd Jane yn gwpod dim am y stynt 'ny ; dwy' i ddim yn cretu bod hi'n gwpod hyd y dydd heddi. Mynd i brynu bŵell ôdd yr esgus, wy'n cofio. Ta beth, fe ethon i weld Newport yn whare ar St. Helens. Ôdd Jac wedi bod yn trio dysgu cwpwl o bethe i Ifan erbyn hyn, ond yn ôl y stori glŵes i 'da Jac ar ôl cwrdd y nos Sul 'ny, fuws e fawr gwell.

. . . 'Af i ddim ag e byth eto !' medde fe'n bendant. ' Fe geso i ddicon ddo. O, ma Ifan ni'n boenus, chrete ti ddim. Yn *slow'n* dysgu, wetes di ? Bachan, mae e'n ofnadw, w ! Beth wyt ti well o wpod dy Feibl inseid-owt, a gwpod y ffordd i neud englynion, os na alli di ddangos 'm bach o afel acha ca ffwtbol ? Bachan, 'dwy e'n diall dim-yw-dim, w ! Wni faint o withe ofynnws e beth ôdd pwrpas y *strum*—ie, *strum*, os gwelwch yn dda ! A finne wedi'i rybuddio fe wrth fynd lawr i drio bod yn ail iddi'i le. Fe ofynnws sawl gwaith os taw *wing* ôdd Wil yn whare. Wel, wir, gorffod i fi weyd wrtho fe yn y diwedd : " Clyw, Ifan, er mwyn popeth, bydd yn dawel a gâd dy fothers ; wyt ti'n hala cwilydd arno i. A er mwyn y mawredd, paid â yngan gair wrth neb fod ti'n dad i Wil, druan, ni chwnniff y pwr dab ddim o'i ben byth mwy !"—Fe fuws yn dawel wedyn, am spel fach. Ond fe âth y gêm dipyn bach yn ryff tsha'r diwedd, a 'na, fe ddychrûws wedyn 'ny. Fe dynnws un o'u *forwards* nhw gic at Wil ar bwys y scrym. Wel, yn naturiol, ma 'ngwâd i'n dechre twymo a ma fi ar y nhrâd ar unwaith. "*Play the game, you dirty pig* ! Rho yn nôl iddo fe, Wil bach!"—Wel, chlŵes di ddim shw ffys ôdd 'da Ifan dim ond o achos i fi sgrechen rhwpeth bach simpl felna. " Hei Jac," medde fe, wedi colli'i liw i gyd. " Hei, bachan, paid â bod mor flagardys, w ! Wyt ti'n styried beth wetes di nawr ?" . . . Wel, 'na fi'n gweyd y gwir, fe 'dryches i arno fe'n hurt . . . " Wel, Ifan, Ifan," myntwn i, " paid â bod mor *ignorant* ; weles di ddim o'r mochyn 'na yn estyn cic i Wil chi nawr ?" . . . Naddo fe ; mor belled ag ôdd e'n gallu'i weld, ôdd *pawb* yn cico'i gilydd. A pheth arall, 'dôdd e ddim yn gwpod pun ôdd pun. Ie, meddwl am y peth : ddim yn napod mab i hunan acha ca ffwtbol ! Wy'n gofyn i ti : beth wnei di â dyn felna ? Na ; fe alla i fentro gweyd wrth ti—fe fydd e'n llawer henach cyn geiff ei ddod gyta fi i weld gêm arall !'

Cap Wil Tomos, a Storïau Eraill. Islwyn Williams.

PORTREAD O LOWR

Fel llygoden wen trwy waliau Tre-alaw
  O faddon y pwll tesgir y colier bach glân
A'i groen mor gain â genau negro.
  Seinia ei sgidiau fel clychau.

A llygaid pinc fel llygoden wen
  A'i geg Gymreig yn ddu o Saesneg sâl
Meddylia mewn tyllau o haearn poblogaidd
  A seinia ei sgidiau fel clychau.

A erys o hyd dan ei ewyn gwyn
  Gantref hen melysach ei glychau,
Y bywyd del a orlifodd y llanw ?
  Neu dim ond llygoden wen ?

Mewn adeg o feddwdod agorwyd y dorau
  A thorrodd y llif dros ei wyneb a'i feddwl.
A gân eto glychau hen fel beddau
  I adfer dros dro fro a fu'n fras ?

Rhyngddo fe a fi mae golau mwy llachar na ffrwydrad
  Er bod ein hwybrennau'n orlawn lawn o beth du ;
Er bod y ddaear danom mor ansicr frau â'r cymylau
  Rhyngddo fe a fi mae tynnu ar raffen gref.

Y cymoedd, hanes, cyfeillion, a phobl o'r hen wiriondebau,
  Y cylymau bychain hyn, yr edafedd gwreiddiog
Sydd fel breichiau annwyl o'n cwmpas mor agos
  Mor gywir rhag gwacter pygddu pigog.

Y Gân Gyntaf. Bobi Jones.

CEFN MABLI

Yma bu pob rhyw lendid mab a merch
  Ar anterth awr eu bywyd yn rhoi tro ;
Bu yma ddawns a chân yn cymell serch
  Nosweithiau'r haf i fynwes gwyrda'r fro,
A llygaid mwyn ar lawer trannoeth blin
  Drwy'r ffenestr hon yn gwylio'r curlaw llwyd
A hwyr sigliadau duwch llwm y pîn,
  A thruan dranc cyfaredd yr hen nwyd.
Awgrym nid oes o'r maith rialti gynt
  Nac atgof prin o'r hen anobaith hardd,—
Dim ond rhyw lais yn lleddfu ar fin y gwynt
  A rhosyn gwyllt yn hendre rhos yr ardd,
Ychydig o'r hen wylo yn y glaw,
Ychydig lwch yn Llanfihangel draw.

Caniadau. W. J. Gruffydd.

SIR FYNWY

A sir Fynwy. Trist yw meddwl fel y dirywiodd y Gymraeg yma ; a thrist yw edrych ar hacrwch llawer o'r cymoedd a meddwl am y tlodi a fu yma, yn faterol ac yn ysbrydol hefyd. Daw ffyniant bellach yn ôl : ac y mae rhan ddwyreiniol y sir, wrth reswm, o hyd yn wledig ac yn amaethyddol. Eto mae'n anodd i'r Cymro Cymraeg ymserchu yn yr ardaloedd hyn : er gwaethaf lleoedd fel Llanfaches a'r Fenni, nid ydym ni rywfodd yn perthyn iddynt. Ewch i leoedd fel Glyn Ebwy (Pen-y-cae) neu Flaenafon, Nant-y-glo, Rhymni ; pa faint a erys yno o harddwch ac o ddiwylliant ?

Ac eto mae Sir Fynwy yn perthyn i Gymru ac y mae rhaid dwyn y sir a'i thrigolion i mewn i'r gymdeithas Gymreig. Golyga ymdrech ar y ddwy ochr, ond mae'r ymdrech honno'n werth ei gwneuthur.

Ym Mêr Fy Esgyrn. T. I. Ellis.

GWENT

Lle'r wylodd Ieuan Brydydd Hir
Af innau mewn gorfoledd,
Mi af er cofio'n eitha fod
Mieri lle bu mawredd,
Er bod y llwybrau lle bu'r gân
Yn lleoedd y dyllhuan,
Fe fyn fy nghalon fynd i Went,
I Went ar waetha'r cyfan.

Canys credu 'rwyf, a phwy a wad ?
Y gwêl fy ngwenwlad eilddydd,
Ac yn y crud sydd heddiw'n wag
Fe fegir mawredd newydd,
Ac os yw Gwent yn awr dan wg
Mieri, drain ac ysgall,
Pan ddêl yr eilddydd—arni hi
Y syrth y gawod friall.

Cerddi Crwys. Crwys.

CROESO I LYN EBWY

Nid oes ardal yng Nghymru mor amrywiol ei natur a'i gwedd. Cewch weld y pwll glo a'r gwaith dur, yr odyn galch a'r chwarel gerrig ; rhowch gip hefyd ar ysgythredd y clogwyni a mwynder y mynyddoedd ; y ceunant dwfn coediog sy'n hollti'r graig o'r Brynmawr i'r Gilwern ; gwastadeddau braf y de-orllewin ; dyffrynnoedd llachar brydferth Gŵy ac Wysg ; hen gaer Rufeinig Caerllion ; hen dre Caerwent.

Tre ddiwydiannol yw Glyn Ebwy, a byddwch yn sicr o ddal ar y cyfle i weld y gweithfeydd dur enfawr sydd yma. Bydd yn destun rhyfeddu i lawer ohonoch weld maint y melinau byd-enwog hyn a godwyd yn y cwm ar seiliau'r hen ffwrneisi a wnaeth reilffordd gyntaf y byd.

Gerllaw, ym Mlaenafon, y perffeithiwyd gan Sidney Gilchrist Thomas y dull modern o wneud dur ; a'r enw a roddir hyd heddiw yn Scandinafia ar y slag basig a gynhyrchir felly yw 'slag Thomas.' Ac os ydych yn hoff o geir modur, beth am fynd i Drefynwy i weld cofgolofn C. S. Rolls a roddodd ei enw ar gar gorau'r byd ? Cewch siwrnai hyfryd a ddaw â chwi i ddyffryn enwog yr Afon Wy.

Pethau newydd yw'r rheini. Mae yma hefyd ddelw'r gorffennol—capel cyntaf yr Annibynwyr yng Nghymru, a godwyd yn Llanfaches yn 1639 ; priordy Llanddewi Nant Honddu (Llantoni), a sawr yr oesoedd yn drwm arno ; gerllaw iddo abaty Capel-y-Ffin a sefydlwyd gan y Tad Ignatius yn y ganrif ddiwethaf ; ogofeydd y Siartwyr ychydig dros ysgwydd y mynydd o'r Brynmawr ; hen gartref Gwenynen Gwent yn Llanofer, ac adeiladau'r pentref, y llythyrdy a'r ysgol, eto'n dangos i'r llygad yr enwau Cymraeg yn dyst o'i llafur diwyd hi dros yr iaith ; abaty Dindern a'i furiau maluriedig yn teyrnasu'n urddasol dros y fro hudolus ; Castell Rhaglan a'r Castell Gwyn yn bugeilio'r encilfeydd lle gynt y bu trwst y drin.

Ychydig yw'r rhain o holl ogoniannau niferus y sir a fydd yn werth i'r sawl a dybia mai tipiau glo a rwbel yn unig a geir yn Sir Fynwy. Os cewch egwyl ryw brynhawn, ewch dair milltir allan o Lyn Ebwy dros heol Llangynidr a'i rhosydd moelion ac edrychwch i lawr ar Gwm Wysg a'r wlad doreithiog honno ; cewch weld ambell i fryncyn yn nofio i'r awyr drwy desni'r haf a Llyn Safaddan yn emog ddisgleirio yng nghanol cyfaredd deiliog gwlad hud a lledrith. Ac efallai y mentrwch dros y ffin i swydd Henffordd ychydig filltiroedd tu hwnt i'r Fenni i weld Cwrt Llangain (Kentchurch Court) lle bu Owain Glyndŵr, yn ôl traddodiad, yn ymguddio ar ddiwedd ei oes ; mae ei ddisgynyddion hynaws yn byw yno eto, yn falch o'u tras. Cewch weld yr ystafelloedd a gadwyd fel yr oeddynt yn amser y gwron hwnnw, a darlun nodedig o'r bardd Siôn Cent.

Sut y gall gwlad felly beidio â magu ei harwyr ym myd llên a chân ? Sieffre o Fynwy, a ysgrifennodd yn Lladin chwedloniaeth Arthur Fawr ; Islwyn o'r Ynysddu, a welodd fod ' yr oll yn gysegredig '; Carnhuanawc, yr eisteddfodwr brwd a'r ysgrifennwr dygn y rhoddwyd ei enw'n gyntaf un ar restr cymdeithas Cymreigyddion y Fenni, cynheiliaid ysblennydd yr iaith yng Ngwent ; Edmwnd Jones yr hen broffwyd ; Ieuan Gwynedd, a wnaeth wrhydri dros yr iaith a'r genedl yn Nhredegar ; Ioan Emlyn yng Nglyn Ebwy ; Dr. Thomas Rees yng Nghendl ; Gwilym Gwent y cerddor melys—mae bywyd Cymru heddiw'n gyfoethocach o'u plegid hwy.

Na choller y wlad hon i'r Gymraeg wedi'r holl ' lendid a fu ' . . . Gwrandewch ar rai o enwau lleoedd y sir—Llantarnam, Hafod-yr-Ynys, Hafod-y-Ddôl, Llanfihangel Crug Cornau, Gafaelon, Cwm Syfiog, Llandeilo Pertholau, Troedrhiwgwair. Mae telyneg ymhob un, a gwelwch ddegau tebyg iddynt . . .

J. Dewi Samuel.

Rhestr Testunau Eisteddfod Genedlaethol Glyn Ebwy.

LLANFACHES

Dwy filltir o daith tua'r gorllewin, rhan ohoni ar hyd llinell yr hen ffordd Rufeinig, ac wele gapel bach ar y dde yn ymyl y briffordd. Prin y tybiai'r sawl a âi heibio fod yma ddim byd allan o'r cyffredin ; ond nid felly y mae hi. Oherwydd dyma gapel Llanfaches, ac yma y cychwynnwyd yr achos Ymneilltuol cyntaf yng Nghymru yn y flwyddyn 1639. Y gŵr y cysylltir ei enw â hyn oedd William Wroth. Gŵr o sir Fynwy oedd ef, a anwyd yn 1576 ; daeth yn rheithor Llanfaches, ond 'dywedir ei fod wedi gwrthod ufuddhau i'r ddeddf ynghylch chwaraeon ar y Sul,' ac ymddengys iddo wedyn fynd ati i 'ffurfio eglwys, nid codi capel ; eglwys gymysg, ond odid, o Fedyddwyr ac Annibynwyr.' Â'r Dr. Thomas Richards rhagddo (yn y *Bywgraffiadur*) i sôn am ei 'fuchedd ddilychwin, pregethu efengylaidd, ei swydd fel gweinidog cyntaf yr eglwys gyntaf o Ymneilltuwyr yng Nghymru ; o deimlo'r nerthoedd hyn, geilw un cyfoeswr ef yn apostol, a Llanfaches yn Antiocha yng nghanol cenhedloedd, a Wroth yn faen tynnu i Biwritaniaid y siroedd cyfagos. Sonia'r *Broadmead Records* am ei fynych ymweliadau i bregethu ym Mryste, a'r *Records* hefyd sy'n tystio y dymunai Wroth gael myned o'r byd cyn i drwmp rhyfel seinio yn y wlad.' Dyna ddarlun o William Wroth y mae'n werth inni ei gofio ; ond gellir ofni nad oes fawr o gof am ei enw bellach yn y gymdogaeth nac, yn wir, gan y miloedd lawer sy'n pasio heibio i'r capel bychan ar fin y ffordd.

T. I. Ellis.

Crwydro Mynwy.

LLYS IFOR HAEL

Llys Ifor Hael, gwael yw'r gwedd—yn garnau
Mewn gwerni mae'n gorwedd,
Drain ac ysgall mall a'i medd,
Mieri lle bu mawredd.

Yno nid oes awenydd,—na beirddion,
Na byrddau llawenydd,
Nac aur yn ei magwyrydd,
Na mael, na gŵr hael a'i rhydd.

I Ddafydd gelfydd ei gân—oer ofid
Roi Ifor mewn graean,
Y llwybrau gynt lle bu'r gân
Yw lleoedd y dyllhuan.

Er bri arglwyddi byr glod—eu mawredd
A'u muriau sy'n darfod ;
Lle rhyfedd i falchedd fod
Yw teiau ar y tywod.

Ieuan Brydydd Hir.

ABATY TINTERN

Pa sawl bron a oerodd yma,
  Pa sawl llygad gadd ei gloi,
Pa sawl un sydd yn y gladdfa
  A'r cof ohonynt wedi ffoi ?
Pa sawl gwaith, ar wawr a gosber,
  Swniai'r gloch ar hyd y glyn ?
Pa sawl ave, cred, a phader
  Ddwedwyd rhwng y muriau hyn ?

Ar y garreg sydd gyferbyn
  A faluriwyd gan yr hin,
Tybiaf weld, o flaen ei eilun,
  Ryw bererin ar ei lin ;
Tybiaf fod y mwg o'r thuser
  Eto'n codi'n golofn wen,
A bod sŵn yr organ seinber
  Eto yn datseinio'r nen.

Ond Distawrwydd wnaeth ei phabell
  Lle cartrefai'r anthem gynt,
Nid oes yma, o gôr i gangell,
  Un eryddgan ond y gwynt.
Fel y darffo pob coelgrefydd,
  Crymed byd gerbron y Gwir,
Hedd a chariad ar eu cynnydd
  Fo'n teyrnasu tros y tir.

Alun.

HYDER

LAVERNOCK

Gwaun a môr, cân ehedydd
yn esgyn drwy libart y gwynt,
ninnau'n sefyll i wrando
fel y gwrandawem gynt.

Be' sy'n aros, pa gyfoeth,
wedi helbulon ein hynt?
Gwaun a môr, cân ehedydd
yn disgyn o libart y gwynt.

Siwan, a Cherddi Eraill. Saunders Lewis.

'MAE'R OLL YN GYSEGREDIG . . .'

. . . A dyma finnau'n dechrau holi ac athronyddu'n freuddwydiol . . . Faint o ddylanwad sy gan olygfeydd ac amgylchiadau ar feddwl ac ysbryd dyn? A ydyw'r mynydd, yr allt, y rhostir a'r afon, yn llunio'n cymeriadau ni? Yr wyf i'n hen argyhoeddedig o'u grym a'u gwerth i lywio ein gweledigaeth a meithrin moesoldeb ein teimlad. Yno y mae tragwyddoldeb pethau . . . ' Pryd hau, a chynhaeaf, ac oerni, a gwres, a haf, a gaeaf, a dydd, a nos, ni phaid mwy holl ddyddiau y ddaear.' Ni allaf grwydro Sir Benfro heb deimlo fy mod mewn cymun â choed a blodau, afon a chraig, a chylchdro'r canrifoedd. Ni allaf ddygymod â'r rheini yn ein plith sy'n codi bwgan pantheistiaeth. Onid yw Duw yn delio â phridd y ddaear yn union fel y bydd yn delio â chalon dyn? Haelioni gras a welwn mewn clwstwr o friallu ac mewn cae o ŷd yn cnydio ar ei ganfed. Y mae rhywbeth heblaw tawelwch absenoldeb sŵn yng Nghwm Nyfer, Penymorfa, Trefdraeth, ac ar lan y dŵr yn Lawrenny. A fuoch chwi mewn angladd yn Rhydwilym ar brynhawn o wanwyn? Y mae doe a heddiw'n yfory yno yn sŵn yr afon a'r adar. Try'r gwladwr yn Pharisead pan wâd ei berthynas â'r tir y mae'n rhan ohono a'r cwmwd y gosododd Duw ef ynddo. Efallai fy mod yn teimlo felly am imi gael fy magu mewn tŷ-cwrdd lle'r oedd sŵn yr afon yn gymysg â seiniau'r emyn a llygaid y plant ar y llofft yn edrych ar wair y fynwent wrth wrando ar Air y Bywyd.

Crwydro Sir Benfro. E. Llwyd Williams.

PROFFWYDOLIAETH

Ac felly, pan oedd Harri II, frenin Lloegr, ym Mhencader, yr hyn a ddynoda 'Pen y Gadair,' yn Neheubarth Cymru, yn ystod y rhyfelgyrch a ddug yn ein dyddiau ni yn erbyn y genedl hon, bu i ryw hynafgwr o'r bobl hyn, a ymlynasai, er hynny, yn ôl gwendid ei genedl, wrtho ef yn erbyn y lleill, roddi'n ateb, ar ôl gofyn iddo beth a feddyliai am fyddin y brenin, ac a allai wrthsefyll y bobl wrthryfelgar, ac iddo ddatgan ei opiniwn ei hun am ddiwedd y rhyfel: 'Ei gorthrymu, yn wir, ac i raddau helaeth iawn ei distrywio a'i llesgáu trwy dy nerthoedd di, O frenin, ac eiddo eraill, yn awr megis gynt a llawer gwaith eto tan orfodaeth ei haeddiannau, a ellir â'r genedl hon. Yn llwyr, fodd bynnag, trwy ddigofaint dyn, oni bo hefyd ddigofaint Duw yn cyfredeg ag ef, ni wneir ei dileu. Ac nid unrhyw genedl arall, fel y barnaf fi, amgen na hon o'r Cymry, nac unrhyw iaith arall, ar Ddydd y Farn dostlem gerbron y Barnwr Goruchaf, pa beth bynnag a ddigwyddo i'r gweddill mwyaf ohoni, a fydd yn ateb dros y cornelyn hwn a'r ddaear.'

Disgrifiad o Gymru Gerallt Gymro.
(*cyf. Thomas Jones*).

Y GWEDDILL

Hwynt-hwy ydyw'r gweddill dewr a'i câr yn ei thlodi,
Ac a saif iddi'n blaid yn ei dyddiau blin ;
Allan yn y cymoedd a'r mynyddoedd amyneddgar
Hwy a wynebant yr estronwynt a phob hin.

A hwy ydyw'r gweddill da a wêl trwy ei charpiau
Aflonydd yn y gwynt du hwnnw a'i raib
Degwch blodeuog ei dydd cyn difwynder cur craith ;
Y rhai yn y dyddiau diwethaf a blediodd eu henaid drosti
A thân yn eu her, a'i hen hiraeth hi yn eu hiaith.

Hwy hefyd yw'r gweddill dwys a'i clyw yn griddfan
Gyda'i chwiorydd dirmygedig allan yn y cefn ;
Llef pendefigaidd un a'i hysbryd heb ei lwyr lethu
A glywant, ond gloywa'i gobeithion gwan ei llygaid
Wrth ei hymgeleddu i'w hail hoen drachefn.

A chyn bydd i'r rhain mwyach yn eu hyder cyndyn
Ddileu oddi ar lech y fron eu cyfamod â hi,
A chyn gweld syrthio o seren olaf ei choron
A diffodd yn y llaid wrth yr eithaf ffos,
Bydd rhagfuriau eu serch yn gandryll hyd lawr
Gwlad Fyrddin a Morgan,
Y Rhondda a'r Rhos.

Cerddi'r Daith.

J. M. Edwards.

PENTREFI CYMRU

Os tonnodd y llanw brochus, trochion
Blynyddoedd yr heldrin hyd at ymylon eich hedd,
A bygwth hen seiliau'r ystad,
Arhosodd eich cadernid yn y lli. Yng ngheseiliau'r
Mynyddoedd, ar fin afonydd, ger llynnoedd,
Yno y safasoch.
Aros yn eich symledd ar draethau'r môr anniddig.

Yma ac acw, mewn cilfach, ar arffed dôl
Mae clystyrau eich tai a'ch bythynnod.
Ychydig yw'r chwithdod a gwawr y newid
A ddieithrodd eich gwedd,
Er i chwithau glywed nesáu o'r bwystfil
I roddi ei garn arnoch.

Nid oes i ddinasoedd derfynau. Tynnir hwy,
Gwthir eu breichiau ar led
I foddhau holl wacter eu trachwant parhaus.
Lledir eu hystlysau
A grafftio'r gwyrddfannau diwethaf i gyd
I sugno eu materol hoen o ryw galon bell.

Ond nid felly chwi. Ni ffugiwch
Ymddangos yr hyn nad ydych.
Ninnau pan gofiwn ffiniau'r hen afon
Y deffry ei murmur o hyd atgofion fel y blagur
O grud ei glannau,
Cofio terfyngylch y caeau a'r coed,—
Yr un ydych chwi, ac yna
Holl gerddi a lliwiau ieuenctid a ddychwel
I lenwi eich henffyrdd prin.
Daw arnom eich tangnefedd eilwaith megis salm,
Megis cysgod palmwydden garedig ar gôl y crastir.

Lle mae undod y ceinciau, yno y mae brig bro,
Yno y cawn hefyd weddillion y bywyd
A dyfodd erioed yn flaguryn parch, yn falchder
Ein mamwlad ni.

Rhyngom a'r hyrddwynt chwychwi yn unig a saif,
Gobaith ein hiraeth ydych,
Lle mae'r gwraidd yn grymuso'r grawn,
Dyddgwaith yn blodeuo yn ddefod foddhaus,
Oriau hwyrddydd yn aeddfedrwydd hamdden
A Sul yn gynhaeaf y saint.

Cerddi'r Daith. J. M. Edwards.

CWM YR EGLWYS

Nid oes yng Nghwm yr Eglwys ond un mur
  O'r Llan wrth hen falchder y lli ;
Gollyngodd rhyw Seithennin donnau'r môr
  Tros ei hallor a'i changell hi.

A wnei Di, Geidwad bendigedig,
  Ysgubo'r eigion yn ei ôl ?
Ni chwardd y dyfroedd ar Dy Ben Di
  Fel ar ben y brenin ffôl.

Ac yna fe ail-adeiladwn Dy deml,
  Yn allor a changell a chôr ;
Ac fe drown-ni gors gywilyddus y Cwm
  Yn ardd ffrwythau, lle bu'r môr.

Eples. D. Gwenallt Jones.

CANIAD EHEDYDD

Ymrôf i'r wybren
Yn gennad angen
Fel Drudwy Branwen
  Yn nydd cyfyngder.
Codaf o'r cyni
A'm cân yn egni
Herodr goleuni
  Yn yr uchelder.

Disgyn y gloywglwm
Hyd lawer dyfngwm
Lle rhoddodd gorthrwm
  Gleisiau ar geinder.
Gwiwfoes yr oesoedd
Hardd yr ynysoedd,
Branwen cenhedloedd
  Codaf i'w hadfer.

Bydd mwyn gymdeithas,
Bydd eang urddas,
Bydd mur i'r ddinas,
  Bydd terfyn traha.
Eu Nêr a folant
Eu hiaith a gadwant,
Eu tir a gollant
  Ond gwyllt Walia.

Dail Pren. Waldo Williams.

MYNEGAI I'R AWDURON